초등 매일 영단어 plus⁺

KB207738

초등 매일 영단어 plus

저 자 이수용
발행인 고본화
발 행 탑메이드북
교재공급처 반석출판사
2021년 6월 15일 초판 1쇄 인쇄
2021년 6월 20일 초판 1쇄 발행
반석출판사 | www.bansok.co.kr
이메일 | bansok@bansok.co.kr
블로그 | blog.naver.com/bansokbooks

07547 서울시 강서구 양천로 583, B동 1007호
(서울시 강서구 염창동 240-21번지 우림블루나인 비즈니스센터 B동 1007호)
대표전화 02) 2093-3399   팩 스 02) 2093-3393
출 판 부 02) 2093-3395   영업부 02) 2093-3396
등록번호 제315-2008-000033호

Copyright ⓒ 이수용

ISBN 978-89-7172-937-3(63740)

초등 매일
영단어
plus⁺

탑메이드북

본 교재는 초등 필수 영어 단어집입니다.

주 대상 독자는 초등학생 5 - 6 학년 또는 중등과정을 시작하기 전에 기초 확립을 필요로 하는 예비 중학생도 포함됩니다.

본 교재의 특징은 다음과 같습니다.

1. 효율적 교재 구성

하루 20 단어씩 학습하여 30일만에 완성시킬 수 있는 구성입니다. 단어 및 어휘는 난이도 순으로 배열하여 쉬운 단어에서부터 점차 어려운 단어로 발전합니다. 이러한 단계적 방법을 통해 학습자들은 자신감을 갖고 자연스럽게 그리고 점진적으로 실력 향상을 이룰 수 있습니다.

2. 풍부한 학습 분량

학습 분량은 기본 어휘 600 단어를 바탕으로, 관련 숙어 및 예문을 통해 약 1000 단어 이상의 확장 학습 효과가 있습니다. 그리고 교육부 지정 초등 기본 영단어 800단어가 수록되어 있어 필수 영단어 학습에 도움이 됩니다.

3. 시각적 입체적 학습 효과

본 교재가 제공하는 이미지 연상 작용은 단어의 의미를 보다 더 쉽게 이해할 수 있게 하며, 기억이 더 오래, 더 생생하게 지속되게 하는 효과가 있습니다. 단어와 함께 제공되는 예문은 실생활에 사용되는 살아있는 표현들입니다. 이를 통해 해당 단어가 문장에서 실제로 어떻게 활용되는지를 잘 이해할 수 있습니다. 또한 교재와 함께 제공되는 녹음 파일은 단어의 정확한 발음을 익힐 수 있게 할 뿐 아니라, 예문 및 연습 문제를 통해 청취력과 독해력을 동시에 향상시킬 수 있게 합니다.

4. 지속적 반복 학습

영어를 잘 할 수 있는 유일한 방법은 꾸준한 반복 연습입니다. 본 교재는 학습 효과를 극대화하기 위해 단어, 예문, 그리고 연습 문제를 통해 지속적으로 반복 학습을 하도록 꾸몄습니다. 또한 앞 장에서 학습했던 주요 단어들은 종종 다음 장의 예문에서 다시 등장합니다. 이러한 반복 학습을 통해 기억을 재확인시켜 학습한 단어가 완전히 학습자 본인의 것이 되게 할 것입니다.

따라서 교재가 제시하는 학습 방법을 따라 성실히 학습한다면, 본서가 독자 여러분들이 목표하는 지점에 도달하기 위한 굳건한 초석의 역할을 할 것으로 저자는 확신합니다. 노력과 땀은 결코 여러분들을 배신하지 않습니다. 독자 여러분들의 건투를 빕니다.

저자 이 수 용

목차

How to study

본 교재의 구성은 다음과 같습니다.

Main Chapter — Preview Test / Vocabulary / Exercise

Review Test

Index

교육부 지정 초등 기본 영단어 800

★ Main Chapter

Chapter 전개는 Day 1, Day 2 와 같은 순서로 Day 30까지 진행됩니다.

★ Preview Test
5개의 단어와 5개의 이미지가 제공됩니다. 이미지와 부합하는 단어를 목록에서 찾아 기록하는 어휘력 테스트입니다. Main chapter를 시작하기 전에 행하는 간단한 warm-ing-up exercise입니다.

★ Today's Task
Chapter의 본문에서 다루게 될 20개 단어가 제시됩니다. 학습자가 이미 알고 있는 단어에 √ 표시를 하여 자신의 어휘력을 점검할 수 있습니다.

Day 01

Preview Test ★ Match words to pictures.
(그림에 맞는 단어를 목록에서 찾아 쓰세요.)

- ☐ map
- ☐ cook
- ☐ sleep
- ☐ plane
- ☐ bridge

1. ( ) 2. ( )
3. ( ) 4. ( ) 5. ( )

Today's Task ★ How many words do you know?
(오늘 학습할 단어입니다. 알고 있는 단어에 √로 표시하세요.)

☐ begin	☐ airport	☐ plane
☐ arrive	☐ bridge	☐ basic
☐ become	☐ ladder	☐ cool
☐ stay	☐ letter	☐ smooth
☐ sleep	☐ map	☐ simple
☐ cook	☐ magic	☐ hungry
☐ watch	☐ musician	

★ Day Vocabulary

어휘 학습의 main chapter입니다. 난이도 별로 선정된 20개 단어를 한글 발음, 뜻, 그리고 예문을 통해 어휘력 및 독해력을 기르게 하는 사실상 본 교재 학습의 주가 되는 부분입니다. 필요에 따라 단어와 연관된 숙어나 관용 표현 등을 덧붙여 어휘력을 더욱 확장할 수 있게 구성되었습니다. 단어에 대한 이해를 돕고 기억력을 활성화하기 위해 필요한 경우 적절한 이미지를 첨가했습니다. 제공되는 녹음 파일을 통해 정확한 발음을 익힐 수 있습니다.

★ Exercise

각 Chapter의 Day Vocabulary에서 학습한 내용을 얼마나 잘 이해하고 숙지했는지를 테스트하는 난입니다. 이와 동시에 학습했던 내용을 다시 한 번 복습하는 역할도 합니다. Exercise는 단어 연결문제, 이미지 또는 보기를 이용한 문장 완성 문제 (두 가지 유형), 그리고 녹음을 듣고 문장 내용에 부합하는 이미지를 찾는 문제 등으로 전개됩니다. 이와 같은 다양한 유형의 문제들은 학습자들의 어휘력뿐만 아니라 독해력과 청취력을 함께 향상시킬 수 있게 할 것입니다.

1. 단어 연결문제

주어진 단어와 이에 적합한 의미를 찾아 서로 연결시키는 문제입니다.

2. 이미지를 이용한 문장 완성 문제

제공된 이미지와 부합하는 표현을 찾아 문장을 완성시키는 문제입니다. 두 개의 보기 중에서 하나를 선택하는 방식으로 진행됩니다.

3. 보기를 이용한 문장 완성 문제

보기에 주어진 단어를 사용하여 문장을 완성시키는 문제입니다.

4. 녹음 문장의 내용에 부합하는 이미지를 찾는 문제

녹음에서 들려지는 문장을 따라 쓴 후, 문장과 일치하는 그림을 찾아 그 기호를 기록하는 문제입니다. 왼쪽 첫 칼럼에 있는 listening points를 통해 청취할 때 집중해야 할 중요 어휘가 제공됩니다.

Exercise

1 - 5. 단어와 뜻을 서로 연결하시오.

1. basic	a) 단순한
2. cool	b) 부드러운
3. smooth	c) 기초의
4. simple	d) 마술
5. magic	e) 멋진

6 - 10. 그림에 해당하는 단어를 찾아 문장을 완성하시오.

6. The dog looks _____.
   a) happy   b) hungry

7. The bus stopped at _____.
   a) the airport   b) the shopping mall

8. The man repairs a _____.
   a) watch   b) bicycle

11 - 15. 주어진 문장의 빈칸에 가장 적절한 단어를 고르시오.

a) arrive b) begin c) become d) cook e) stay

11. I will _____ home this weekend.

12. Jessica wants to _____ a doctor.

13. Beth _____ (e)d an apple pie for me yesterday.

14. The road work will _____ next week and last four weeks.

15. Joy will _____ from New York at 11 o'clock on Tuesday morning.

16 - 20. 녹음을 잘 듣고 문장을 따라 쓴 후, 문장과 일치하는 그림을 찾아 그 기호를 쓰시오.

16. _____ (   )
17. _____ (   )
18. _____ (   )
19. _____ (   )
20. _____ (   )

Listening Points
16. write a letter
17. plane / take off
18. look at the map
19. cross the bridge
20. musician / play the guitar

A   B

Day 1 | Day 2 | Day 3 | Day 4 | Day 5 | Day 6 | Day 7 | Day 8 | Day 9 | Day 10

10

★ Review Test

학습 내용을 다시 한 번 테스트하는 난으로, 문제 전개 방식은 Exercise와 동일합니다. 학습 방법은 매 5개 Chapter의 학습을 마칠 때 마다 해당 Review Test를 통해 학습 내용을 재점검하는 테스트와 복습의 두 가지 의미를 갖습니다. 그리고 교재 전체 학습을 마쳤을 때 다시 한번 Review Test를 통해 어휘력의 향상 정도를 최종 확인할 것을 권합니다.

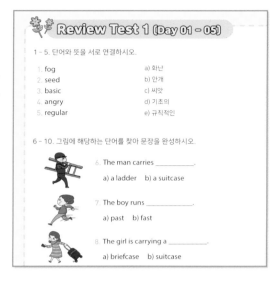

★ Index

각 Chapter에서 다루는 어휘를 사전식으로 배열한 index를 통해, 학습자들이 필요한 단어를 쉽게 찾아서 참고할 수 있게 했습니다.

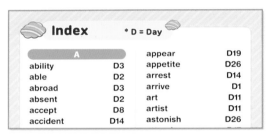

★ 교육부 지정 초등 기본 영단어 800

초등학생들이 학교에서의 영어교육을 통해 학습하도록 지정한 800 단어의 단어와 발음기호, 뜻을 정리해 두었습니다. 학교 공부를 위한 필수 단어를 학습할 수 있습니다.

교육부 지정 초등 기본 영단어

001	**a** [ə/eɪ][어/에이]	art. (부정관사), 하나의
002	**about** [əˈbaʊt][어바웃]	prep. ~에 대한, adv. 약, 거의
003	**above** [əˈbʌv][어버브]	prep. ~보다 위에
004	**academy**	n. (특수 분야의) 학교

* 품사 약어

n. 명사 (noun)
v. 동사 (verb)
adj. 형용사 (adjective)

adv. 부사 (adverb)
art. 관사 (article)
prep. 전치사 (preposition)

conj. 접속사 (conjunction)
pron. 대명사 (pronoun)
pl. 복수형 (plural)

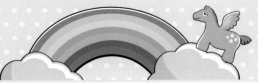

Preview Test

★ **Match words to pictures.**
(그림에 맞는 단어를 목록에서 찾아 쓰세요.)

- ☐ map
- ☐ cook
- ☐ sleep
- ☐ plane
- ☐ bridge

1. (   )
2. (   )
3. (   )
4. (   )
5. (   )

Today's Task

★ **How many words do you know?**
(오늘 학습할 단어입니다. 알고 있는 단어에 √로 표시하세요.)

- ☐ begin
- ☐ arrive
- ☐ become
- ☐ stay
- ☐ sleep
- ☐ cook
- ☐ watch

- ☐ airport
- ☐ bridge
- ☐ ladder
- ☐ letter
- ☐ map
- ☐ magic
- ☐ musician

- ☐ plane
- ☐ basic
- ☐ cool
- ☐ smooth
- ☐ simple
- ☐ hungry

begin
[비긴]

v. (began, begun; beginning) 시작하다, 시작되다
The rain began early in the morning.
아침 일찍 비가 오기 시작했다.

arrive
[어**롸**이브]

v. 도착하다, 도래하다
Jane arrived yesterday.
제인은 어제 도착했다.

become
[비**컴**]

v. (became, become; becoming) … 이 되다, … (해)지다
They became very close.
그들은 매우 친해졌다.

stay
[스테이]

v. 머무르다, 남다, 숙박하다
I stayed home all day.
나는 하루 종일 집에 있었다.

sleep
[슬립:]

v. (slept, slept; sleeping) (잠을) 자다
The boy was sleeping on the sofa.
소년은 소파에서 잠을 자고 있었다.

cook
[쿡]

n. 요리사   v. 요리하다
I am good at cooking.
나는 요리를 잘한다.
★ be good at … 을 잘하다, … 에 능숙하다

watch
[워:취]

n. 손목시계, 주의   v. 보다, 주시하다, 조심하다
My watch is not working.
내 시계가 고장 났다.
John is watching TV.
존은 TV를 보고 있다.

watch

Day 1
Day 2
Day 3
Day 4
Day 5
Day 6
Day 7
Day 8
Day 9
Day 10

airport
[에어포:트]

n. 공항

Can you drive me to the airport tomorrow?
내일 공항까지 나를 태워 줄 수 있나요?

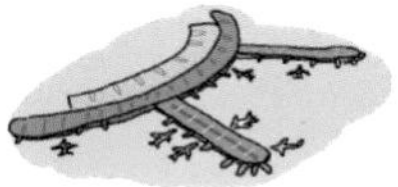
airport

bridge
[브릿쥐]

n. 다리, 교량

The Romans used stone and concrete to build their bridges.
로마인들은 돌과 콘크리트를 이용해서 다리를 건설했다.

ladder
[래더]

n. 사다리

A man is climbing up the ladder.
한 남자가 사다리를 타고 오르고 있다.

ladder

letter
[레터]

n. 편지, 문자

I am waiting for a letter from Jane.
나는 제인에게서 올 편지를 기다리고 있다.

map
[맵]

n. 지도, 약도 v. 지도를 그리다

Can you tell me where we are on this map?
우리가 이 지도상에서 어디에 있는지 말해주시겠어요?

magic
[매쥑]

n. 마술, 마법

They provide magic shows for children's birthdays and family events.
그들은 어린이들의 생일과 가족 행사를 위한 마술 쇼를 제공한다.

musician
[뮤지션]

n. 음악가, 뮤지션

Michael is a very talented musician.
마이클은 매우 재능 있는 음악가이다.

plane
[플레인]

n. 비행기
His plane will land at 3 p.m. in Amsterdam.
그가 탄 비행기는 암스테르담에 오후 3시에 도착할 것이다.

basic
[베이직]

adj. 기본의, 기초의
You have to learn basic rules before playing the game.
게임을 하기 전에 기본적인 규칙을 배워야 합니다.

cool
[쿨:]

adj. 서늘한, 시원한, 멋진
It is cool today.
오늘은 날씨가 시원하다.

smooth
[스무:쓰]

adj. 부드러운, 매끈한, 잔잔한
He is a smooth talker.
그는 말을 (번지르르하게) 잘한다.
This oil will make your skin feel soft and smooth.
이 오일은 당신의 피부를 부드럽고 매끈하게 해줄 것입니다.

simple
[심플]

adj. 간단한, 단순한, 소박한
The problem we have is not so simple as you think.
우리가 처한 문제는 네가 생각하는 것처럼 그렇게 간단하지가 않다.

hungry
[헝그리]

adj. 배고픈, 굶주린
The boy looks hungry.
저 아이는 배가 고파 보인다.

hungry

Exercise

1 - 5. 단어와 뜻을 서로 연결하세요.

1. basic	a) 단순한
2. cool	b) 부드러운
3. smooth	c) 기초의
4. simple	d) 마술
5. magic	e) 멋진

6 - 10. 그림에 해당하는 단어를 찾아 문장을 완성하세요.

6. The dog looks _____.

   a) happy   b) hungry

7. The bus stopped at _____.

   a) the airport   b) the shopping mall

8. The man repairs a _____.

   a) watch   b) bicycle

9. The baby is _____.

   a) crying   b) sleeping

10. The man carries _____.

   a) a ladder   b) a suitcase

11 – 15. 주어진 문장의 빈칸에 가장 적절한 단어를 고르세요.

　a) arrive　b) begin　c) become　d) cook　e) stay

11. I will _____ home this weekend.

12. Jessica wants to _____ a doctor.

13. Beth _____ (e)d an apple pie for me yesterday.

14. The road work will _____ next week and last four weeks.

15. Joy will _____ from New York at 11 o'clock on Tuesday morning.

16 – 20. 녹음을 잘 듣고 문장을 따라 쓴 후, 문장과 일치하는 그림을 찾아 그 기호를 쓰세요.

16. _____ (　　)

17. _____ (　　)

18. _____ (　　)

19. _____ (　　)

20. _____ (　　)

Listening Points

16. write a letter
17. plane / take off
18. look at the map
19. cross the bridge
20. musician / play the guitar

A

B

C

D

E

Day 02

★ **Match words to pictures.**
(그림에 맞는 단어를 목록에서 찾아 쓰세요.)

☐ grow
☐ seed
☐ invite
☐ candle
☐ balance

1. (   )

2. (   )

3. (   )

4. (   )

5. (   )

Today's Task

★ **How many words do you know?**
(오늘 학습할 단어입니다. 알고 있는 단어에 √로 표시하세요.)

☐ wait   ☐ ignore   ☐ able
☐ invite   ☐ candle   ☐ absent
☐ mean   ☐ effort   ☐ calm
☐ permit   ☐ forest   ☐ dark
☐ seed   ☐ habit   ☐ fast
☐ balance   ☐ talent   ☐ similar
☐ grow   ☐ sight

wait
[웨이트]

v. 기다리다
A man is waiting for the bus.
한 남자가 버스를 기다리고 있다.

wait

invite
[인바이트]

v. 초대하다, 초청하다
McCall invited me to her birthday party.
맥콜이 그녀의 생일 파티에 나를 초대했다.

mean
[민:]

v. (meant, meant) … 을 뜻하다, 의미하다   n. (pl.) 수단, 방법
I didn't mean to hurt you.
나는 당신의 기분을 상하게 할 의도는 없었어요.

permit
[펄미트]

v. 허락하다, 허용하다, 허가하다
Smoking is not permitted anywhere in this building.
이 건물 내부 어느 곳에서도 흡연은 허용되지 않는다.

seed
[씨:드]

n. 씨, 씨앗, 종자   v. 씨앗을 뿌리다
She planted the sunflower seeds in her garden.
그녀는 정원에 해바라기 씨를 뿌렸다.

balance
[밸런스]

n. 균형, 평형 상태   v. 균형을 잡다, 균형을 유지하다
James lost his balance and fell down the stairs.
제임스는 균형을 잃고 계단에서 넘어졌다.

balance

grow
[그로우]

v. (grew, grown) 성장하다, 기르다, 증가하다
I want to become a scientist when I grow up.
나는 자라서 과학자가 되고 싶다.

Day 1
Day 2
Day 3
Day 4
Day 5
Day 6
Day 7
Day 8
Day 9
Day 10

Day 02 Vocabulary

ignore [이그**노**:어]	v. 무시하다, 못 본 척하다 **I said hello to Tom, but he ignored me.** 나는 톰에게 인사를 했지만, 그는 나를 무시했다.

ignore

candle [**캔**들]	n. 양초 **She lit a candle because the lights went out.** 전기가 나갔기 때문에 그녀는 양초에 불을 붙였다.
effort [에폴트]	n. 노력, 수고 **Your efforts will pay off someday.** 당신의 노력은 언젠가 보상을 받을 것이다 ★ pay off 성공하다, 성과를 올리다 　make an effort 노력하다, 공을 들이다
forest [**포**:리스트]	n. 숲, 삼림 **The village is close to a forest.** 그 마을은 숲과 가깝다.
habit [**해**빗]	n. 습관, 버릇 **The old lady is in the habit of taking her dog for a walk every morning.** 그 노부인은 아침마다 그녀의 개를 데리고 산책하는 습관이 있다. ★ in the habit of … 하는 습관이 있는
talented [**탤**런티드]	adj. (타고난) 재능이 있는 **Elizabeth is a very talented music producer.** 엘리자베스는 매우 재능이 있는 음악 제작자이다.
sight [**싸**이트]	n. 시력, 보기, 광경, 경치 **Out of sight, out of mind.** 눈에서 멀어지면, 마음에서도 멀어진다. (속담)

able
[에이블]

adj. 할 수 있는, 능력 있는
Claudio is able to speak Italian.
클라우디오는 이태리어를 말할 수 있다.

absent
[앱쓴트]

adj. 없는, 결석한, 결근한
I wonder why Ann was absent from class today.
나는 앤이 왜 오늘 수업에 결석했는지 궁금하다.

calm
[캄:]

adj. 침착한, 차분한, 잔잔한   v. 진정시키다
After the storm, the sea was calm, and the sky was bright and clear.
폭풍이 끝난 후, 바다는 잔잔했고, 하늘은 쾌청했다.

dark
[다:크]

adj. 어두운, 캄캄한
We have to reach the village before dark.
우리는 어둡기 전에 마을에 도착해야 한다.

fast
[패스트]

adj. 빠른, 민첩한   adv. 빠르게, 급히
Jack is a fast runner.
잭은 빨리 달린다.
John is smart and learns things fast.
존은 영리하고 무엇이든 빨리 배운다.
If you run fast, you can catch the train.
빨리 뛰어가면, 기차를 탈 수 있을 것이다.

fast

similar
[씨밀러]

adj. 비슷한, 닮은, 유사한
Your plan is similar to mine.
당신의 계획은 나의 계획과 비슷합니다.
I have a similar experience.
나도 비슷한 경험을 했어요.

Day 1
Day 2
Day 3
Day 4
Day 5
Day 6
Day 7
Day 8
Day 9
Day 10

Exercise

1 – 5. 단어와 뜻을 서로 연결하세요.

1. seed		a) 습관
2. habit		b) 노력
3. effort		c) 씨앗
4. talent		d) 양초
5. candle		e) 재능

6 – 10. 그림에 해당하는 단어를 찾아 문장을 완성하세요.

6. The boy runs _____.

    a) past   b) fast

7. The sea is _____.

    a) calm   b) running high

8. The eyes are blinking in the _____.

    a) dark   b) light

* blink 눈을 깜박거리다

9. A boy is walking _____.

    a) in the forest   b) on the street

10. The girl looks _____ to her mother.

    a) forward   b) similar

* look forward to ⋯ 을 기대하다

11 – 15. 주어진 문장의 빈칸에 가장 적절한 단어를 고르세요.

a) able   b) mean   c) invite   d) permit   e) ignore

11. I have no idea what you _____.

12. Anna _____ed me to her birthday party.

13. I won't be _____ to attend the meeting.

14. Emily tried to warn Rohan, but he _____ed her.

15. If the weather _____s, we will go on a picnic tomorrow.

16 – 20. 녹음을 잘 듣고 문장을 따라 쓴 후, 문장과 일치하는 그림을 찾아 그 기호를 쓰세요.

16. _____ (   )

17. _____ (   )

18. _____ (   )

19. _____ (   )

20. _____ (   )

Listening Points

16. wait for
17. grow a tree
18. no one is absent
19. at first sight
20. balance herself

A

B

C

D

E

★ **Match words to pictures.**
(그림에 맞는 단어를 목록에서 찾아 쓰세요.)

☐ bike
☐ harbor
☐ discuss
☐ exchange
☐ passenger

1. (   )

2. (   )

3. (   )

4. (   )

5. (   )

Today's Task ★ **How many words do you know?**
(오늘 학습할 단어입니다. 알고 있는 단어에 √로 표시하세요.)

☐ path   ☐ explore   ☐ passport
☐ bike   ☐ feed   ☐ journey
☐ fence   ☐ ability   ☐ abroad
☐ harbor   ☐ schedule   ☐ loud
☐ belong   ☐ sightseeing   ☐ regular
☐ discuss   ☐ suitcase   ☐ seldom
☐ exchange   ☐ passenger

path
[패쓰]

n. 작은 길, 오솔길; 길, 방향
A narrow path intersects the forest.
좁은 오솔길이 그 숲을 가로지른다. (횡단한다)

path

bike
[바이크]

n. 자전거, 오토바이
Jane rides her bike to school every day.
제인은 매일 자전거를 타고 학교에 간다.

fence
[휀스]

n. 울타리, 장애물
I am going to paint the fence this weekend.
나는 이번 주말에 담장에 페인트칠을 하려고 한다.

fence

harbor
[하:버]

n. 항구, 항만; 피난처
There are many ships and boats anchored in the harbor.
항구에는 많은 배와 보트들이 정박해 있다.

belong
[빌롱]

v. … 에 속하다, … 의 소유이다
The book belongs to me.
그 책은 내 것이다.
Julie and I belong to the same fitness center.
줄리와 나는 같은 피트니스 센터에 속해 있다.

discuss
[디스커쓰]

v. 토론하다, 상의하다, 의논하다
We will meet to discuss a few things.
우리는 몇 가지 사안을 논의하기 위해 만날 것이다.

exchange
[익스췌인쥐]

n. 교환, 맞바꿈   v. 교환하다, 주고받다
I want to exchange Won for Euros. Where should I go?
원을 유로로 바꾸려 합니다. 어디로 가야 하나요?

Day 1 Day 2 Day 3 Day 4 Day 5 Day 6 Day 7 Day 8 Day 9 Day 10

explore
[익스플**로**:어]

v. 탐험하다, 탐사하다, 답사하다
They explored the African jungle.
그들은 아프리카 정글을 탐험했다.

feed
[피:드]

v. 밥을 주다, 먹이를 주다; 먹을 것을 먹다
You should not feed the birds here.
여기서는 새들에게 먹이를 주면 안됩니다.

feed

ability
[어**빌**리티]

n. 능력, 재능, 기량
His ability in composing is outstanding.
그의 작곡 능력은 뛰어나다.

schedule
[스케줄:]

n. 일정, 예정, 스케줄   v. 일정을 잡다, 예정하다
Do you have any schedule for this weekend?
이번 주말에 무슨 계획이 있나요?

sightseeing
[**싸**이트**씨**:잉]

n. 관광. 구경, 유람
We will go to Hawaii to do some sightseeing this summer.
우리는 이번 여름 하와이로 관광여행을 갈 것이다.

suitcase
[**숱**:케이스]

n. 여행 가방
I am going to buy a ticket. Please keep an eye on my suitcase.
표를 사오겠습니다. 여행 가방을 좀 봐주세요.

suitcase

passenger
[**패**씬저]

n. 승객
There were more than one hundred passengers on the ship.
배에는 백 명 이상의 승객이 타고 있었다.

passport
[패스포:트]

n. 여권
This passport is valid for ten years.
이 여권은 10년 동안 유효하다.

passport

journey
[져:니]

n. 여행, 여정
James became tired from a long journey.
제임스는 긴 여행으로 지쳤다.

abroad
[어브로:드]

adv. 해외에서, 해외로
Jessica plans to study abroad after graduation.
제시카는 졸업 후 유학 갈 계획이다.

loud
[라우드]

adj. 소리가 큰, 시끄러운
There was a loud noise outside.
밖에서 큰 소리가 났다.

regular
[레귤러]

adj. 규칙적인, 정기적인
Regular exercise will improve your health.
규칙적인 운동은 당신의 건강을 증진시킬 것이다.
There is no regular bus service to that area.
그 지역으로는 정기적으로 버스가 운행되지 않습니다.

seldom
[쎌덤]

adv. 좀처럼 … 하지 않는, 거의 … 하지 않는
Barking dogs seldom bite.
짖는 개는 잘 물지 않는다. (속담)
Molly works at home and seldom goes out.
몰리는 집에서 일하며 거의 외출을 하지 않는다.

Day 1
Day 2
Day 3
Day 4
Day 5
Day 6
Day 7
Day 8
Day 9
Day 10

Exercise

1 – 5. 단어와 뜻을 서로 연결하세요.

1. ability	a) 해외로
2. regular	b) 규칙적인
3. seldom	c) 계획, 일정
4. abroad	d) 능력, 재능
5. schedule	e) 거의 … 않다

6 – 10. 그림에 해당하는 단어를 찾아 문장을 완성하세요.

6. The boy is riding a _____.

    a) bike   b) carriage

7. The girl is carrying a _____.

    a) briefcase   b) suitcase

8. They are _____ in the office.

    a) discussing   b) resting

9. The couple are doing _____.

    a) shopping   b) sightseeing

10. The girl calls out in a _____ voice.

    a) silent   b) loud

11 – 15. 주어진 문장의 빈칸에 가장 적절한 단어를 고르세요.

a) passport b) explore c) belong d) exchange e) path

11. Most of the land _____ to Mr. Thomson.

12. A group of boys are cycling along the _____.

13. I want to _____ this shirt for a larger size.

14. Jane presented her _____ at the check-in desk.

15. The expedition started their journey to _____ the Amazon jungle.

16 – 20. 녹음을 잘 듣고 문장을 따라 쓴 후, 문장과 일치하는 그림을 찾아 그 기호를 쓰세요.

16. _____ (   )

17. _____ (   )

18. _____ (   )

19. _____ (   )

20. _____ (   )

Listening Points

16. feed chickens
17. sail out / harbor
18. jump over the fence
19. passengers / board
20. start a journey

A

B

C

D

E

Day 04

Preview Test

★ **Match words to pictures.**
(그림에 맞는 단어를 목록에서 찾아 쓰세요.)

☐ fix
☐ dine
☐ bend
☐ bottle
☐ midnight

1. (　　　　　)

2. (　　　　　)

3. (　　　　　)

4. (　　　　　)

5. (　　　　　)

Today's Task

★ **How many words do you know?**
(오늘 학습할 단어입니다. 알고 있는 단어에 √로 표시하세요.)

☐ fog
☐ advice
☐ bottle
☐ knee
☐ midnight
☐ office
☐ pass

☐ seat
☐ agree
☐ bend
☐ dine
☐ dream
☐ fix
☐ lose

☐ quiet
☐ easy
☐ helpful
☐ familiar
☐ famous
☐ every day

fog
[포그]

n. 안개, 혼미, 혼란
It is dangerous to drive in this fog.
이런 안개 속에서 운전하는 것은 위험하다.

advice
[어드바이스]

n. 충고, 조언
My advice to you is to work harder.
당신에 대한 나의 충고는 더 열심히 하라는 것이다.

bottle
[바:틀]

n. 병
I bought a bottle of wine yesterday.
나는 어제 포도주를 한 병 샀다.

knee
[니:]

n. 무릎
Joseph hurt his knee while playing football.
조셉은 축구를 하다 무릎을 다쳤다.
The boy suddenly kicked me on the knee.
그 소년은 갑자기 내 무릎을 찼다.

knee

midnight
[미드나이트]

n. 자정, 한밤중, 밤 열두 시
Jeniffer couldn't sleep until midnight.
제니퍼는 자정까지 잠을 들 수 없었다.

office
[오:피스]

n. 사무실, 회사
We will open a new office next month.
우리는 다음 달 새 사무실을 개설할 것이다.

office

pass
[패쓰]

v. 지나가다, 건네주다; 합격하다
Would you pass the salt, please?
소금 좀 건네 주시겠어요?

Day 1 Day 2 Day 3 Day 4 Day 5 Day 6 Day 7 Day 8 Day 9 Day 10

Day 04 Vocabulary

seat
[씻:]

n. 자리, 좌석   v. 앉다, 앉히다
Two seats were vacant in the meeting room.
회의실에는 좌석 두 개가 비어 있었다.

seat

agree
[어그뤼]

v. 동의하다, 의견이 일치하다
We all agree with you.
우리는 모두 당신과 의견이 일치합니다.

bend
[벤드]

v. (bent, bent) 굽히다, 숙이다, 구부리다
The boy bent down to pick up a coin on the floor.
소년은 마루에 떨어져 있는 동전을 줍기 위해 몸을 숙였다.

dine
[다인]

v. 식사를 하다, 만찬을 들다
Meals are served in the dining room.
식사는 식당에서 제공됩니다.

dream
[드림:]

n. (자면서 꾸는) 꿈, (희망하는) 꿈, 망상
v. (dreamt/dreamed, dreamt/dreamed) 꿈을 꾸다, 상상하다
She never dreamed of becoming a singer.
그녀는 가수가 될 것이라고는 꿈에도 생각하지 못했다.

fix
[픽스]

v. 고치다, 고정시키다, 정하다
I asked him to fix my computer.
나는 그에게 컴퓨터를 고쳐 달라고 했다.

lose
[루:즈]

v. (lost, lost) 잃다, 분실하다; (시합, 소송 등에서) 지다, 패하다
James lost his job last month.
제임스는 지난 달 실직했다.

32

quiet [콰이어트]	adj. 조용한, 잔잔한 **My village is clean and quiet.** 내가 사는 마을은 깨끗하고 조용하다.
easy [이:지]	adj. 쉬운, 편한 **Take it easy.** 진정하세요. **This book is easy enough for a kid to read.** 이 책은 어린아이가 읽기에 충분히 쉽다.
helpful [헬프풀]	adj. 도움이 되는 **This tool is helpful in many ways.** 이 도구는 여러가지로 유용하다.
familiar [퍼밀리어]	adj. 친숙한, 익숙한 **David grew up in Milan, so he is familiar with Italian culture.** 데이비드는 밀란에서 자랐다, 그래서 이태리 문화에 익숙하다.
famous [페이머스]	adj. 유명한 **This street is famous for busking.** 이 거리는 거리 공연으로 유명하다.
every day [에브리데이]	adv. 매일 **Jenifer listens to classical music almost every day.** 제니퍼는 거의 매일 클래식 음악을 듣는다.

Day 1
Day 2
Day 3
Day 4
Day 5
Day 6
Day 7
Day 8
Day 9
Day 10

Exercise

1 – 5. 단어와 뜻을 서로 연결하세요.

1. fog
2. lose
3. easy
4. dream
5. advice

a) 쉬운
b) 안개
c) 충고
d) 잃다
e) 꿈

6 – 10. 그림에 해당하는 단어를 찾아 문장을 완성하세요.

6. The man carries a _____.

   a) tool box   b) water bottle

7. The boy hurt his _____.

   a) elbow   b) knee

8. The lady is working _____.

   a) in the office   b) in the kitchen

9. The young man offers a(n) _____ to an elderly person.

   a) advice   b) seat

   * elderly person 노인

10. Students are expected to be _____ in the classroom.

    a) quiet   b) noisy

    * be expected to … 할 것으로 기대된다

11 – 15. 주어진 문장의 빈칸에 가장 적절한 단어를 고르세요.

a) agree   b) famous   c) every day   d) familiar   e) helpful

11. Your advice was quite _____.

12. I _____ with her suggestions.

13. I am not _____ with this place.

14. She is known as a _____ writer.

15. Walking 30 minutes _____ will be good for your health.

16 – 20. 녹음을 잘 듣고 문장을 따라 쓴 후, 문장과 일치하는 그림을 찾아 그 기호를 쓰세요.

16. _____ (   )

17. _____ (   )

18. _____ (   )

19. _____ (   )

20. _____ (   )

Listening Points

16. fix a flat tire
17. dine at a restaurant
18. bend backward
19. burn the midnight oil
20. pass the driving test

A

B

C

D

E

Preview Test

★ **Match words to pictures.**
(그림에 맞는 단어를 목록에서 찾아 쓰세요.)

☐ angry
☐ handshake
☐ sad
☐ work
☐ travel

1. (　　　　　　　)

2. (　　　　　　　)

3. (　　　　　　　)

4. (　　　　　　　)

5. (　　　　　　　)

Today's Task

★ **How many words do you know?**
(오늘 학습할 단어입니다. 알고 있는 단어에 √로 표시하세요.)

☐ maybe
☐ alive
☐ hard
☐ angry
☐ sad
☐ short
☐ act

☐ carry
☐ practice
☐ march
☐ work
☐ travel
☐ back
☐ beach

☐ cage
☐ pet
☐ race
☐ stair
☐ diary
☐ handshake

maybe
[메이비]

adv. 아마, 어쩌면
Maybe that is not true.
그것은 사실이 아닐지도 모른다.
Maybe I can help you.
아마도 내가 당신에게 도움을 줄 수도 있다.

alive
[얼라이브]

adj. 살아있는, 활기 넘치는
I am sure he is still alive.
나는 그가 여전히 살아있다고 믿는다.

hard
[하:드]

adj. 단단한, 굳은, 어려운   adv. 열심히, 힘껏
What he said was hard to understand.
그가 했던 말은 이해하기 어려웠다.
If you work hard, you will get your goal.
만약 열심히 한다면, 목표를 달성할 수 있을 것이다.

angry
[앵그뤼]

adj. 화난, 성난
Never write a letter while you are angry.
화가 난 상태에서 편지를 쓰지 말라. (속담)

sad
[쌔드]

adj. 슬픈, 우울한, 애석한
Why do you look so sad today?
오늘 왜 그렇게 우울하니?

short
[숏:트]

adj. 짧은, 키가 작은, 부족한
This coat is a little short for me.
이 코트는 내게 좀 작아요.
Let's take a short break.
잠시 쉬었다 하자.
★ take a break 쉬다, 휴식을 취하다

act
[액트]

n. 행동, v. 행동하다
Please don't act like a child.
제발 어린아이처럼 행동하지 마.

Day 1 Day 2 Day 3 Day 4 **Day 5** Day 6 Day 7 Day 8 Day 9 Day 10

Day 05 Vocabulary

carry
[캐뤼]

v. 나르다, 운반하다, 지니다

This parcel is too big for me to carry.
이 소포는 내가 운반하기에 너무 크다.

The man carried a heavy bag on his back.
남자는 등에 무거운 가방을 매고 있었다.

carry

practice
[프랙티스]

n. 연습, 실행, 실천 v. 연습하다, 실행하다

You need a lot of practice to be good at something.
어떤 일을 잘 하기 위해서는 많은 연습이 필요하다.

★ be good at … 에 능숙하다, 잘 하다

march
[마:취]

n. 행진, 행군 v. 행진하다, 행군하듯이 걷다

The soldiers are marching down the street.
군인들이 거리를 행진하고 있다.

march

work
[월:크]

n. 일, 작업 v. 일하다, 근무하다

We work five days a week.
우리는 일주일에 5일 근무합니다.

travel
[트래블]

n. 여행, 출장 v. 여행하다, 이동하다

He travelled to Holland by train.
그는 기차로 네덜란드까지 여행했다.

back
[백]

n. 등, 뒤쪽, 뒷면

Jennifer accidentally left her purse in the back seat of the car.
제니퍼는 실수로 지갑을 차 뒷좌석에 두고 내렸다.

beach
[비:취]

n. 해안, 해변, 바닷가

Children are playing on the beach.
아이들이 해변에서 놀고 있다.

cage
[케이쥐]

n. (창살 또는 철사로 만든) 새장, 우리
Margaret opened the cage and set the bird free.
마가렛은 새장을 열고 새를 풀어주었다.
The news said a bear escaped from its cage last night.
뉴스에 의하면 어젯밤 곰 한 마리가 우리를 탈출했다고 한다.

cage

pet
[펫]

n. 애완동물
I'd like to have a kangaroo as a pet.
나는 애완 동물로 캥거루를 갖고 싶다.

race
[뤠이쓰]

n. 경주, 달리기, 시합
If you try a little harder, you can win the race.
조금만 더 힘을 내면 경기에 이길 수 있어.

stair
[스테어]

n. 계단
Mike lost his footing and fell down the stairs last night.
마이크는 어젯밤 발을 헛디뎌 계단에서 넘어졌다.
★ lose one's footing 발을 헛디디다

diary
[다이어뤼]

n. 수첩, 메모장, 일기
Please make a note of what I am saying in your diary.
내가 하는 말을 수첩에 기록하세요.

handshake
[핸(드)쉐이크]

n. 악수
Joe greeted me with a warm handshake.
조는 정답게 악수하며 나를 맞이했다.

Day 1
Day 2
Day 3
Day 4
Day 5
Day 6
Day 7
Day 8
Day 9
Day 10

Exercise

1 – 5. 단어와 뜻을 서로 연결하세요.

1. hard	a) 화난
2. work	b) 어려운
3. back	c) 아마도
4. angry	d) 일, 작업
5. maybe	e) 등, 뒤편

6 – 10. 그림에 해당하는 단어를 찾아 문장을 완성하세요.

6. The man came first in the _____.

   a) race   b) lace

7. The girl has a dog as a _____.

   a) pal   b) pet

8. The man is running up the _____.

   a) hills   b) stairs

9. The girl's jeans need to be a little _____.

   a) longer   b) shorter

10. Children are playing volleyball at the _____.

   a) beach   b) gym

* volleyball 배구

11 – 15. 주어진 문장의 빈칸에 가장 적절한 단어를 고르세요.

a) act b) alive c) cage d) diary e) practice

11. You need a little more _____.

12. I want you to _____ more mature.

13. The girl keeps a _____ every day.

14. Jane found the _____ empty in the morning.

15. When the rescue team arrived, they were still _____.

* rescue team 구조대

16 – 20. 녹음을 잘 듣고 문장을 따라 쓴 후, 문장과 일치하는 그림을 찾아 그 기호를 쓰세요.

16. _____ (   )

17. _____ (   )

18. _____ (   )

19. _____ (   )

20. _____ (   )

Listening Points

16. carry / books
17. travel abroad
18. feel sad
19. march / street
20. greet / handshake

A

B

C

D

E

Day 1
Day 2
Day 3
Day 4
Day 5
Day 6
Day 7
Day 8
Day 9
Day 10

Day 06

★ **Match words to pictures.**
(그림에 맞는 단어를 목록에서 찾아 쓰세요.)

☐ fat
☐ hide
☐ twin
☐ climb
☐ fitness

1. (   )

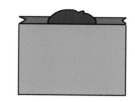

2. (   )

3. (   )

4. (   )

5. (   )

Today's Task

★ **How many words do you know?**
(오늘 학습할 단어입니다. 알고 있는 단어에 √로 표시하세요.)

☐ fitness
☐ gym
☐ park
☐ try
☐ allow
☐ climb
☐ close

☐ hide
☐ hurry
☐ boring
☐ heavy
☐ fat
☐ mild
☐ noisy

☐ twin
☐ outstanding
☐ sick
☐ weak
☐ wound
☐ unless

fitness
[피트니스]

n. 신체 단련, 건강
Running for fitness is increasing in popularity.
건강을 위한 달리기의 인기가 증가하고 있다.

gym
[짐]

n. 체육관, 헬스클럽 (health club); 운동, 체조
People are running on the treadmills in the gym.
사람들이 헬스클럽의 러닝 머신 위에서 달리기를 하고 있다.

gym

park
[파:크]

n. 공원   v. 주차하다
You can't park here between 9 p.m. and 7 a.m.
오후 9시에서 오전 7시까지는 이곳에 주차할 수 없습니다.

try
[트라이]

n. 시도   v. 시도하다, 노력하다, 애쓰다
Why don't we try to contact him again?
그에게 한 번 더 연락해보는 게 어떨까?

allow
[얼라우]

v. 허락하다, 허용하다
You are not allowed to swim in this river. 이 강에서는 수영을 해서는 안된다.

climb
[클라임]

v. 오르다, 올라가다, 등산하다
We plan to climb a mountain this weekend.
우리는 이번 주말에 등산을 할 계획이다.

close
[클로우즈, 클로우스]

v. 닫다, 닫히다, 끝나다   adj. (시간, 공간적으로) 가까운
The shop closes at 4 p.m. on Sunday.
그 상점은 일요일에는 오후 4시에 문을 닫는다.
My office is close to the park.
내 사무실은 공원 가까이 있다.

Day 1
Day 2
Day 3
Day 4
Day 5
Day 6
Day 7
Day 8
Day 9
Day 10

Day 06 Vocabulary

hide [하이드]	v. (hid, hidden) 감추다, 숨기다, 숨다 **Jack hid under the table.** 잭은 테이블 밑에 숨었다. **Jack hid the box under the table.** 잭은 상자를 테이블 밑에 숨겼다.
hurry [허뤼]	n. 서두름, 급함 v. (hurried, hurried) 서두르다, 급히 하다 **Hurry up, or we will be late for the show.** 서둘러, 그렇지 않으면 공연에 늦어.
boring [보:륑]	adj. 지루한, 지겨운, 재미없는 **That's the most boring story I have heard.** 그것은 내가 들었던 이야기 중에서 가장 재미없는 이야기이다.
heavy [헤비]	adj. 무거운, 많은, 심한 **The box was so heavy that no one could move it.** 상자가 너무 무거워 아무도 그것을 움직일 수 없었다. **heavy**
fat [팯]	n. 지방, 비계 adj. 살찐, 비만인 **Aerobic exercise helps burn fat in the body.** 에어로빅 운동은 몸의 지방을 태우는데 도움을 준다.
mild [마일드]	adj. 온화한, 포근한, 맛이 순한 **The weather is mild this year.** 올해는 날씨가 포근하다.
noisy [노이지]	adj. 시끄러운, 떠들썩한 **It was so noisy outside.** 밖이 너무 시끄러웠다.

twin
[트윈]

n. 쌍둥이 (중의 한 명) adj. 쌍둥이의
Because they are twins, it is difficult to tell who is who.
그들은 쌍둥이다. 그래서 누가 누구인지 말하기 어렵다.

---

outstanding
[아웃스**탠**딩]

adj. 두드러진, 뛰어난, 탁월한
Jessica has an outstanding talent for dance.
제시카는 춤에 뛰어난 재능을 갖고 있다.

---

sick
[씩]

adj. 아픈, 병든; 싫증난, 메스꺼운
Michael has been sick for a week.
마이클은 일주일 동안 아팠다.
I am sick and tired of doing the same work every day.
나는 매일 똑같은 일을 하는데 질렸다.

sick

---

weak
[윅:]

adj. 약한, 힘이 없는
Mike was weak in his childhood.
마이크는 어린시절 몸이 약했다.

---

wound
[운:드]

n. 상처, 부상   v. 상처를 입다, 상처를 입히다
He will recover from his wound soon.
그는 부상에서 곧 회복할 것이다.

wound

---

unless
[언레스]

conj. … 하지 않으면, … 하지 않는 한
I won't go unless you go with me.
만약 당신이 함께 가지 않는다면 나는 가지 않을 것입니다.

Day 1
Day 2
Day 3
Day 4
Day 5
Day 6
Day 7
Day 8
Day 9
Day 10

Exercise

1 – 5. 단어와 뜻을 서로 연결하세요.

1. fat	a) 아픈
2. sick	b) 온화한
3. gym	c) 비만인
4. mild	d) 긴급함
5. hurry	e) 체육관

6 – 10. 그림에 해당하는 단어를 찾아 문장을 완성하세요.

6. The door is _____.

   a) open   b) closed

7. The boy is _____ behind the tree.

   a) hiding   b) healing

8. The class is so _____.

   a) boring   b) exciting

9. The man is carrying a _____ box.

   a) heavy   b) light

10. The old man looks tired and _____.

   a) strong   b) weak

11 – 15. 주어진 문장의 빈칸에 가장 적절한 단어를 고르세요.

a) allow   b) fitness   c) outstanding   d) try   e) unless

11. Don't _____ to please everybody.

12. Jane was _____ed to take a day off.

13. I am going to sign up for the _____ center next week.

14. _____ something happens, I will leave tomorrow morning.

15. Michell is one of the most _____ students in the school.

16 – 20. 녹음을 잘 듣고 문장을 따라 쓴 후, 문장과 일치하는 그림을 찾아 그 기호를 쓰세요.

16. _____ (   )

17. _____ (   )

18. _____ (   )

19. _____ (   )

20. _____ (   )

Listening Points

16. play in the park
17. enjoy rock climbing.
18. hold twin babies
19. shot and wounded
20. noisy outside

A

B

C

D

E

Preview Test

★ **Match words to pictures.**
(그림에 맞는 단어를 목록에서 찾아 쓰세요.)

☐ pain
☐ wood
☐ crowd
☐ excited
☐ graduate

1. ( )

2. ( )

3. ( )

4. ( )

5. ( )

Today's Task

★ **How many words do you know?**
(오늘 학습할 단어입니다. 알고 있는 단어에 √로 표시하세요.)

☐ bush
☐ wood
☐ bring
☐ center
☐ crowd
☐ empty
☐ excited

☐ graduate
☐ match
☐ mistake
☐ pain
☐ pick
☐ plant
☐ police

☐ rest
☐ save
☐ safe
☐ search
☐ tail
☐ take

Day 07 Vocabulary

bush
[부쉬]

n. 수풀, 덤불, 관목
A bird in the hand is worth two in the bush.
손안의 새 한 마리가 덤불 속의 새 두 마리보다 낫다. (속담)

bush

wood
[우드]

n. 나무, 목재, 숲
This floor is made of wood.
이 마루는 목재로 만들어졌다.

bring
[브링]

v. (brought, brought) 가져오다, 데려오다
You can bring your friend to the party. 파티에 친구를 데려와도 좋아.

center
[쎈터]

n. 중심, 중심지
His office is located at the center of the city.
그의 사무실은 시내 중심가에 위치해 있다.

crowd
[크라우드]

n. 사람들, 군중, 무리   v. 꽉 채우다, 가득 메우다, 밀려오다
A crowd gathered outside the building. 건물 밖에 사람들이 모여 있었다.

empty
[엠(프)티]

adj. 빈, 비어 있는, 공허한   v. 비우다
The box is empty.
상자는 비어 있다.
Jake emptied a glass of wine slowly.
제이크는 천천히 와인 잔을 비웠다.

empty

excited
[익싸이티드]

adj. 흥분한, 신이 난, 들뜬
Everyone is excited at the result of the game.
경기 결과에 모두가 신이 났다.

Day 1 / Day 2 / Day 3 / Day 4 / Day 5 / Day 6 / Day 7 / Day 8 / Day 9 / Day 10

49

graduate
[그래쥬엇, 그래쥬에이트]

n. 졸업자   v. 졸업하다, 학위를 받다
We are graduating next month.
우리는 다음 달에 졸업합니다.

match
[매취]

n. 경기, 시합; 잘 어울리는 사람 또는 사물; 성냥
The next match is very important.
다음 경기는 매우 중요하다.

match

mistake
[미스테이크]

n. 잘못, 실수   v. (mistook, mistaken) 잘못 판단하다, 오인하다
I think I made a mistake.
내가 실수를 한 것 같아.

pain
[페인]

n. 고통, (pl.) 수고
If you take this pill, the pain will go away.
이 약을 복용하면, 통증이 사라질 것입니다.

pick
[픽]

v. 고르다, 줍다, 선택하다
Pick a number from one to ten.
1에서 10 중에서 번호 하나를 고르시오.

plant
[플랜트]

n. 식물, 초목   v. 식물을 심다, 씨앗을 심다
Please water the plants every day.
식물에 매일 물을 주세요.

plant

police
[폴리:쓰]

n. 경찰
We have to call the police.
경찰에 신고를 해야 해.

police

rest
[뤠스트]

n. 휴식, 나머지　v. 쉬다, 휴식을 취하다

He advised me to take a rest.

그는 나에게 휴식을 취하라고 조언했다.

★ take a rest 휴식을 취하다

rest

---

save
[쎄이브]

v. 구하다, 구조하다; 저축하다, 모으다

You have to save money for a rainy day.

만약의 경우에 대비해서 돈을 저축해야 한다.

★ a rainy day 만약의 경우, 어려울 때

---

safe
[쎄이프]

adj. 안전한, 위험하지 않은

You will be safe here.

여기 있으면 안전할 거야.

---

search
[썰·취]

n. 찾기, 수색　v. 찾다, 뒤지다, 수색하다

I searched for the key everywhere but couldn't find it.

나는 열쇠를 찾으러 모든 곳을 뒤졌지만 찾을 수가 없었다.

search

---

tail
[테일]

n. 꼬리, 끝부분, (동전의) 뒷면

A squirrel has a long tail.

다람쥐는 꼬리가 길다.

---

take
[테이크]

v. (took, taken) 데려가다, 가져가다, 얻다, 잡다

You have to take her advice.

당신은 그녀의 충고를 받아들여야 합니다.

You can take it or leave it.

네 마음대로 해.

Day 1
Day 2
Day 3
Day 4
Day 5
Day 6
Day 7
Day 8
Day 9
Day 10

Exercise

1 – 5. 단어와 뜻을 서로 연결하세요.

1. safe	a) 찾다
2. save	b) 안전한
3. search	c) 모여들다
4. crowd	d) 실수하다
5. mistake	e) 구조하다

6 – 10. 그림에 해당하는 단어를 찾아 문장을 완성하세요.

6. The man's wallet is _____.

   a) empty   b) full

7. The girl is giving water to a _____.

   a) grass   b) plant

8. The fox has a long _____.

   a) head   b) tail

9. The boy is chopping _____ with an axe.

   a) wood   b) food

10. The coins have holes in the _____.

   a) center   b) edge

Day 1
Day 2
Day 3
Day 4
Day 5
Day 6
Day 7
Day 8
Day 9
Day 10

11 – 15. 주어진 문장의 빈칸에 가장 적절한 단어를 고르세요.

a) bring   b) pick   c) graduate   d) take   e) match

11. I'll _____ you another cup of coffee.

12. Tom _____(e)d from Trinity College.

13. Can you _____ me up after work today?

14. The football _____ today ended in a draw.

15. Jane forgot to _____ a bag with her when she got off the subway.

16 – 20. 녹음을 잘 듣고 문장을 따라 쓴 후, 문장과 일치하는 그림을 찾아 그 기호를 쓰세요.

16. _____ (   )

17. _____ (   )

18. _____ (   )

19. _____ (   )

20. _____ (   )

Listening Points

16. take a rest
17. policeman / chase
18. hiding behind a bush
19. pain in the shoulder
20. excited about

A

B

C

D

E

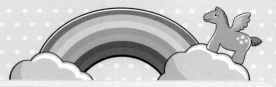

Day 08

★ **Match words to pictures.**
(그림에 맞는 단어를 목록에서 찾아 쓰세요.)

☐ buy ☐ boil ☐ catch ☐ wear ☐ win	 1. (　　　　　　　)	 2. (　　　　　　　)
 3. (　　　　　　　)	 4. (　　　　　　　)	 5. (　　　　　　　)

Today's Task

★ **How many words do you know?**
(오늘 학습할 단어입니다. 알고 있는 단어에 √로 표시하세요.)

☐ buy	☐ keep	☐ fruit
☐ add	☐ wear	☐ grass
☐ win	☐ tour	☐ leaf
☐ boil	☐ tourist	☐ suddenly
☐ catch	☐ temperature	☐ sometimes
☐ cover	☐ thermometer	☐ nowadays
☐ accept	☐ weather	

Day **08** Vocabulary

buy [바이]	v. (bought, bought) 사다, 구입하다 **Anne bought a necklace at a flea market.** 앤은 목걸이 하나를 벼룩시장에서 구입했다.
add [애드]	v. 더하다, 보태다, 추가하다 **Please add a little more salt to the soup.** 스프에 소금을 조금 더 첨가해 주세요.
win [윈]	v. (won, won) 이기다, 얻다, 획득하다 **If you practice hard, you can win the game.** 만약 당신이 열심히 연습한다면, 그 시합에서 이길 수 있다.
boil [보일]	v. 끓다, 끓이다 **Margaret is boiling water for coffee.** 마가렛은 커피를 타기 위해 물을 끓인다.
catch [캐치]	v. (caught, caught) 잡다, 붙잡다, 발견하다 **The fisherman caught a big fish in the river.** 낚시꾼은 강에서 큰 물고기 한 마리를 잡았다.

catch

cover [커버]	n. 덮개 v. 덮다, 씌우다, 가리다 **The road is covered with snow.** 도로가 눈으로 덮여 있다.
accept [억쎕트]	v. 받아들이다, 수락하다, 인정하다 **I accepted his invitation.** 나는 그의 초청을 받아들였다. **I cannot accept that offer.** 나는 그 제안을 받아들일 수 없다.

Day 1
Day 2
Day 3
Day 4
Day 5
Day 6
Day 7
Day 8
Day 9
Day 10

keep [킵:]	v. (kept, kept) 유지하다, 지키다, 계속 … 하다 **You can keep it as long as you want.** 네가 원하는 동안 갖고 있어도 좋아.
wear [웨어]	v. (wore, worn) 입다, 쓰다, 착용하다 **The man wore dark sunglasses.** 그 남자는 짙은 선글라스를 착용하고 있었다.
tour [투어]	n. 여행, 관광 v. 순회하다, 여행하다 **We will tour all the major cities in Europe.** 우리는 유럽의 주요 도시 모두를 순회 방문할 것입니다.
tourist [**투**어리스트]	n. 여행자, 관광객 **The church building has become a tourist attraction in this city.** 그 교회 건물은 이 도시의 관광 명소가 되었다. ★ tourist attraction 관광 명소 **tourist**
temperature [템퍼리춰]	n. 온도, 기온, 체온 **The doctor took a patient's temperature.** 의사는 환자의 체온을 재었다. ★ take (check) one's temperature 체온을 재다
thermometer [썰**마**:미터]	n. 온도계, 체온계 **The thermometer dropped to 5° below zero last night.** 온도계가 지난밤 영하 5도까지 내려갔다. **ther-mometer**
weather [웨더]	n. 날씨, 기상, 일기 **How is the weather today?** 오늘 날씨가 어때?

fruit
[프루트]

n. 과일, 열매, 결실

My favorite fruit is mango.
내가 좋아하는 과일은 망고이다.

Patience is bitter, but its fruit is sweet. (Aristotle)
인내는 쓰지만 그 열매는 달다. (아리스토텔레스)

fruit

grass
[그래쓰]

n. 풀, 잔디

If I do not water the lawn, the grass will not grow.
잔디밭에 물을 주지 않으면, 잔디가 자라지 않아요.

leaf
[리:프]

n. (pl. leaves) 잎, 나뭇잎

This tree comes into leaf in early spring.
이 나무는 이른 봄에 잎이 핀다.

leaf

suddenly
[써든리]

adv. 갑자기, 불현듯

Suddenly, it started to rain.
갑자기 비가 내리기 시작했다.

sometimes
[썸타임즈]

adv. 때때로, 가끔

Jack sometimes drink white wine.
잭은 가끔 백포도주를 마신다.

nowadays
[나우어데이즈]

adv. 요즘, 오늘날

You can hardly find a manual typewriter nowadays.
요즘은 수동 타자기를 보기 힘들다.

Day 1
Day 2
Day 3
Day 4
Day 5
Day 6
Day 7
Day 8
Day 9
Day 10

1 – 5. 단어와 뜻을 서로 연결하세요.

1. tour	a) 온도
2. keep	b) 여행
3. nowadays	c) 지키다
4. sometimes	d) 때때로
5. temperature	e) 요즈음

6 – 10. 그림에 해당하는 단어를 찾아 문장을 완성하세요.

	6. The _____ is freezing. a) weather b) leather
	7. The girl is _____ boots. a) tearing b) wearing
	8. The farmer is _____ fruits. a) selling b) picking
	9. The pot is _____ over. a) boiling b) sailing
	10. The _____ reads 37 degrees. a) kilometer b) thermometer

11 – 15. 주어진 문장의 빈칸에 가장 적절한 단어를 고르세요.

a) buy   b) catch   c) win   d) accept   e) suddenly

11. He didn't _____ my apology.

12. I am sure that he will _____ the race.

13. Stay home, or you will _____ a cold.

14. They _____ appeared from nowhere.

15. I am going to _____ a new bike next week.

16 – 20. 녹음을 잘 듣고 문장을 따라 쓴 후, 문장과 일치하는 그림을 찾아 그 기호를 쓰세요.

16. _____ (   )

17. _____ (   )

18. _____ (   )

19. _____ (   )

20. _____ (   )

Listening Points

16. collect leaves
17. lying on the grass
18. chef / add salt
19. tourists / take a trip
20. covered with snow

A

B

C

D

E

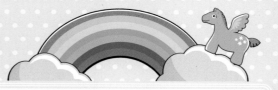

Day 09

★ **Match words to pictures.**
(그림에 맞는 단어를 목록에서 찾아 쓰세요.)

☐ ride
☐ rope
☐ push
☐ traffic
☐ umbrella

1. (   )

2. (   )

3. (   )

4. (   )

5. (   )

Today's Task ★ **How many words do you know?**
(오늘 학습할 단어입니다. 알고 있는 단어에 √로 표시하세요.)

☐ push
☐ pull
☐ voice
☐ umbrella
☐ need
☐ offer
☐ traffic

☐ subway
☐ understand
☐ tired
☐ mad
☐ ride
☐ throw
☐ wind

☐ smoke
☐ rope
☐ post
☐ factory
☐ often
☐ yet

push
[푸쉬]

n. 밀기, 누르기   v. 밀다, 밀치다

If you want to open the door, push this button.
만약 문을 열고 싶다면, 이 버튼을 누르시오.

push

pull
[풀]

n. 끌기, 당기기   v. 끌다, 뽑다, 당기다

Please pull your sleeve up.
소매를 걷어 올려 주세요.

voice
[보이스]

n. 목소리, 음성

I heard Mary's voice in the next room.
나는 옆 방에서 나는 메리의 목소리를 들었다.

umbrella
[엄브렐러]

n. 우산, 양산

The rainy season has begun. Don't forget to bring your umbrella.
장마철이 시작되었어요. 우산 갖고 오는 것 잊지 마세요.

need
[니:드]

n. 필요   v. 필요로 하다, 해야 하다

You need to take a rest for a while.
당신은 약간의 휴식이 필요합니다.

offer
[오:퍼]

n. 제의, 제안   v. 제의하다, 제안하다, 제공하다

These offers are available for a limited time.
이 제안들은 제한된 기간 동안만 제공됩니다.

traffic
[트래픽]

n. 차량, 교통, 교통량

Jane had a traffic accident this morning.
제인은 오늘 아침 교통사고를 당했다.

★ traffic jam 교통 체증   traffic lights 신호등

Day 09 Vocabulary

subway [써브웨이]	n. 지하도, 지하철 **Is there a subway station near here?** 이 근처에 지하철 역이 있나요?
understand [언더스탠드]	v. (understood, understood) 이해하다, 알다 **I don't understand why she is so mad.** 나는 그녀가 왜 그렇게 화를 내는지 이해할 수 없어.
tired [타이어드]	adj. 지친, 피곤한, 싫증난 **You look so tired today.** 당신은 오늘 매우 피곤해 보입니다.
mad [매드]	adj. 화난, 열광적인, 미친 **I am mad at him.** 나는 그에게 화가 났다.
ride [라이드]	n. (승용차, 자전거 등을) 타기, 승마 v. (rode, ridden) 타다, 타고 가다 **Would you give me a ride to the station tomorrow morning?** 내일 아침 역까지 저를 태워 주실 수 있나요?
throw [스로우]	v. (threw, thrown) 던지다, 내던지다, 내몰다 **A few boys are throwing stones at the tree.** 몇 명의 남자 아이들이 나무에 돌을 던지고 있다. throw
wind [윈드, 와인드]	n. 바람 v. (wound, wound) 구불구불하다, 감다, 돌리다 **The wind blew a girl's hat off.** 바람에 여자아이의 모자가 날아갔다.

Day 09 Vocabulary

smoke
[스모크]

n. 연기   v. 연기를 내다, 담배를 피다

There is no fire without smoke.
연기를 내지 않고 불을 피울 수는 없다 (속담).

The whole village went up in smoke.
마을 전체가 연기 속에 사라졌다.

★ go up in smoke 완전히 불에 타다, 연기 속에 사라지다

rope
[로프]

n. 밧줄   v. 밧줄로 묶다

The sailor fastened the rope to a post.
선원은 밧줄을 기둥에 묶었다.

The climber cut the rope with his knife.
등반가는 자신의 칼로 로프를 잘랐다.

post

post
[포스트]

n. 우편, 우편물   v. 우편물을 발송하다

I'll send a copy by post.
우편으로 사본을 보내겠습니다.

How far is the post office from here?
여기서 우체국이 얼마나 먼 가요?

★ post office 우체국   postman 우체부

factory

factory
[팩토리]

n. 공장

She works at a chocolate factory.
그녀는 초콜릿 공장에서 일한다.

often
[오픈]

adv. 종종, 자주

How often do you eat out?
얼마나 자주 외식하나요?

yet
[옡]

adv. 아직, 이미, conj. 그럴지만

Tom's plane has not arrived yet.
톰이 탄 비행기는 아직 도착하지 않았다.

Day 1
Day 2
Day 3
Day 4
Day 5
Day 6
Day 7
Day 8
Day 9
Day 10

Exercise

1 – 5. 단어와 뜻을 서로 연결하세요.

1. offer	a) 밀기
2. push	b) 제안
3. voice	c) 연기
4. smoke	d) 지하철
5. subway	e) 목소리

6 – 10. 그림에 해당하는 단어를 찾아 문장을 완성하세요.

6. The girl looks _____.

a) mad　b) happy

7. The boy is climbing a _____.

a) hill　b) rope

8. The girl is _____ a horse.

a) riding　b) feeding

9. The man is _____ the javelin.

a) bring　b) throwing

* javelin (투창 경기용) 창

10. The woman is _____ her luggage.

a) pushing　b) pulling

Day 1

Day 2

Day 3

Day 4

Day 5

Day 6

Day 7

Day 8

Day 9

Day 10

11 – 15. 주어진 문장의 빈칸에 가장 적절한 단어를 고르세요.

a) yet b) tired c) often d) need e) understand

11. My bike is in _____ of repair.

12. My parcel has not been delivered _____.

13. I don't _____ what he is thinking.

14. I am so _____ because I worked all day.

15. My grandma _____ told me funny stories.

16 – 20. 녹음을 잘 듣고 문장을 따라 쓴 후, 문장과 일치하는 그림을 찾아 그 기호를 쓰세요.

16. _____ (   )

17. _____ (   )

18. _____ (   )

19. _____ (   )

20. _____ (   )

Listening Points

16. traffic jam
17. shake in the wind
18. factory / clouds of smoke
19. blew / umbrella inside out
20. postman / deliver letters

A

B

C

D

E

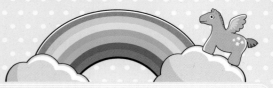

Preview Test

★ **Match words to pictures.**
(그림에 맞는 단어를 목록에서 찾아 쓰세요.)

☐ drop
☐ crash
☐ concert
☐ library
☐ photographer

1. ( )   2. ( )

3. ( )   4. ( )   5. ( )

Today's Task

★ **How many words do you know?**
(오늘 학습할 단어입니다. 알고 있는 단어에 √로 표시하세요.)

☐ concert	☐ bank	☐ village
☐ beauty	☐ front	☐ library
☐ valley	☐ hand	☐ museum
☐ alarm	☐ repair	☐ theater
☐ answer	☐ meat	☐ photo
☐ crash	☐ meal	☐ photographer
☐ drop	☐ trip	

concert
[콘서트]

n. 연주회, 음악회, 콘서트
I bought a ticket for the concert.
나는 콘서트 티켓을 한 장 샀다.

beauty
[뷰:티]

n. 미, 아름다움
Julia wants to take part in the beauty contest.
줄리아는 미인대회에 참석하고 싶어 한다.
★ take part in … 에 참석하다

valley
[밸리]

n. 골짜기, 계곡
We went down to the valley and found a small village.
우리는 골짜기로 내려가 작은 마을을 발견했다.

valley

alarm
[얼람:]

n. 경고, 경보 장치
The alarm clock went off at 6 in the morning.
자명종 시계가 아침 6시에 울렸다.

answer
[앤써]

n. 대답, 회신, 해답   v. 대답하다, 대응하다
I will think about it and give you an answer next week.
생각해 보고 다음 주 대답을 드리겠습니다.

crash
[크래쉬]

n. 충돌, 추락사고   v. 충돌하다, 무너지다, 추락하다
There was a big train crash last week. 지난 주에 큰 열차 사고가 발생했다.

drop
[드랍]

n. 하락, 감소   v. (dropped, dropped) 떨어지다, 떨어뜨리다
The boy dropped his candy to the ground.
소년은 사탕을 땅에 떨어뜨렸다.

Day 10 Vocabulary

bank [뱅크]	n. 은행, 둑 v. 예금하다, (둑을) 쌓다 **The bank opens at 9 a.m.** 은행은 9시에 문을 엽니다.
front [프론트]	n. 정면, 앞면, 앞부분 **Someone parked a truck in front of my house.** 누군가 트럭을 나의 집 앞에 주차를 했다.
hand [핸드]	n. 손 v. 주다, 건네주다 **If you know the answer, raise your hand.** 정답을 아는 사람은 손을 드세요. **Please hand in your report by Friday.** 보고서를 금요일까지 제출하시오.
repair [뤼**페**어]	n. 수리, 수선 v. 고치다, 수리하다 **My car needs to be repaired.** 내 차는 수리해야 한다.
meat [밑:]	n. 고기, 육류 **Mary is a vegetarian, so she does not eat meat.** 메리는 채식주의자이다, 그래서 육류는 먹지 않는다. ★ vegetarian 채식주의자
meal [밀:]	n. 식사, 끼니 **You have to wash your hands before meals.** 식사를 하기 전에 손을 씻어야 한다.
trip [트립]	n. 여행, 이동 **Have a nice trip!** 여행 잘 다녀오세요.

village
[빌리쥐]

n. 마을, 부락
He was born in a small village.
그는 작은 마을에서 태어났다.

library
[라이브러리]

n. 도서관, (대저택의) 서재
I borrowed this book from the public library.
나는 이 책을 공공 도서관에서 빌렸다.

museum
[뮤지:엄]

n. 미술관, 박물관
We visited the National Museum last week.
우리는 지난 주 국립 박물관을 방문했다.

theater
[씨어터]

n. 극장
I saw James in the theater last Saturday.
나는 지난 토요일 극장에서 제임스를 보았다.
★ movie theater 영화관

theater

photo
[포토]

n. 사진 (photograph)
You can upload your photos online.
사진을 온라인으로 업로드할 수 있습니다.
The actress went on a photo shoot to Dubai.
그 여배우는 사진 촬영 차 두바이로 갔다.
★ photo shoot (유명인, 모델 등의) 사진 촬영

photographer
[퍼타그래퍼]

n. 사진사, 사진작가
My brother wants to be a professional photographer.
나의 형(또는 오빠)은 직업 사진사가 되기를 원한다.
★ photography 사진술, 사진 촬영 (기법)

Day 1
Day 2
Day 3
Day 4
Day 5
Day 6
Day 7
Day 8
Day 9
Day 10

Exercise

1 – 5. 단어와 뜻을 서로 연결하세요.

1. bank	a) 대답
2. meat	b) 고기
3. beauty	c) 은행
4. answer	d) 미술관
5. museum	e) 아름다움

6 – 10. 그림에 해당하는 단어를 찾아 문장을 완성하세요.

	6. The boy _____ an ice cream. a) ate b) dropped
	7. The woman is preparing a _____. a) meal b) party

	8. The car _____ a road sign.
	
	   a) parked at b) crashed into
	
	                              * road sign 도로 표지판

	9. A big tree is _____ the house. a) in front of b) at the back of
	10. They are looking at a _____. a) gift box b) photo album

11 – 15. 주어진 문장의 빈칸에 가장 적절한 단어를 고르세요.

a) trip b) alarm c) valley d) theater e) village

11. We should set the _____ clock to 5:00 a.m.

12. They came back from a _____ to Greece last week.

13. The mountain _____ consists of only five families.

14. We are going to build a summer house in the _____.

15. Many people are lining up outside the _____ to purchase tickets.

16 – 20. 녹음을 잘 듣고 문장을 따라 쓴 후, 문장과 일치하는 그림을 찾아 그 기호를 쓰세요.

16. _____ (   )

17. _____ (   )

18. _____ (   )

19. _____ (   )

20. _____ (   )

Listening Points

16. photographer / picture
17. repair a vehicle
18. read books / library
19. play the piano / concert
20. answer the question

A

B

C

D

E

Day 1
Day 2
Day 3
Day 4
Day 5
Day 6
Day 7
Day 8
Day 9
Day 10

71

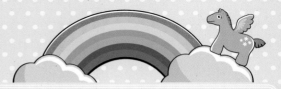

Day 11

Preview Test

★ **Match words to pictures.**
(그림에 맞는 단어를 목록에서 찾아 쓰세요.)

☐ tear
☐ birth
☐ nurse
☐ cough
☐ teach

1. (   )

2. (   )

3. (   )

4. (   )

5. (   )

Today's Task

★ **How many words do you know?**
(오늘 학습할 단어입니다. 알고 있는 단어에 √로 표시하세요.)

☐ art
☐ artist
☐ popular
☐ satisfy
☐ decide
☐ life
☐ birth

☐ hospital
☐ patient
☐ nurse
☐ cough
☐ ill
☐ blind
☐ tear

☐ middle
☐ narrow
☐ wide
☐ raise
☐ teach
☐ real

Day 11 Vocabulary

art
[아:트]

n. 예술, 미술
Art enriches our inner world.
예술은 우리의 내면 생활의 질을 높여준다.
★ enrich 질을 높이다, 풍요롭게 하다

---

artist
[아:티스트]

n. 예술가, 화가, 아티스트
Bad artists copy. Good artists steal.
서툰 예술가는 (남의 것을) 베끼지 만 훌륭한 예술가는 훔친다. (Pablo Picasso)

artist

---

popular
[파:퓰러]

adj. 인기 있는, 대중적인, 통속적인
His novel has suddenly become popular.
그의 소설은 갑자기 인기를 얻었다.

---

satisfy
[쌔티스파이]

v. 만족시키다, 충족시키다
Are you satisfied with the result?
당신은 결과에 만족하나요?

---

decide
[디싸이드]

n. 결정, 판결   v. 결정하다, 판결을 내리다
I haven't decided which way to go.
나는 어느 길로 가야 할지 아직 결정하지 못했다.

---

life
[라이프]

n. (pl. lives) 삶, 생명, 생활
His life is in danger.
그의 생명은 위험에 처해있다.
He spent his life in pursuit of power.
그는 권력을 추구하며 생을 보냈다.
★ in pursuit of … 을 찾아서, 추구하며

---

birth
[벌:쓰]

n. 탄생, 출생, 출현, 시작
She is a Canadian by birth.
그녀는 캐나다인으로 태어났다.

Day 11
Day 12
Day 13
Day 14
Day 15
Day 16
Day 17
Day 18
Day 19
Day 20

73

hospital
[하스피틀]

n. 병원

How long do I have to stay in the hospital?

내가 병원에 얼마 동안 입원해야 하나요?

hospital

patient
[페이션트]

n. 환자　adj. 참을성 있는, 인내심 있는

Alcohol can be fatal for the patient.

술은 그 환자에게 치명적일 수 있습니다.

patient

nurse
[널:스]

n. 간호사　v. 간호하다, 보살피다

Sophia wants to become a nurse.

소피아는 간호사가 되기를 원한다.

cough
[코프]

n. 기침　v. 기침하다, 토하다

He couldn't stop coughing because of the smoke.

그는 연기 때문에 기침을 멈출 수 없었다.

ill
[일]

adj. 병든, 아픈, 나쁜, 유해한

My grandmother was ill and went to hospital.

우리 할머니는 아파서 병원에 입원하셨다.

blind
[블라인드]

adj. 눈이 먼, 앞을 못 보는, 맹목적인

He went blind in a car accident.

그는 자동차 사고로 시력을 잃었다.

★ go blind 장님이 되다, 눈이 멀다

tear
[테어, 티어]

n. 찢어진 곳, 구멍; 눈물, 울음　v. (tore, torn) 찢다, 뜯다, 찢어지다

We are going to tear down this wall.

우리는 이 벽을 뜯어내려 합니다.

middle [미들]	n. 중앙, 한가운데 Jacob stood in the middle of the room. 제이콥은 방 한가운데 서있었다. Hawaii is in the middle of the Pacific Ocean. 하와이는 태평양 가운데 위치해 있다.
narrow [내로우]	adj. 좁은, 편협한, 제한된 v. 좁아지다 The corridor was too narrow for two persons to pass. 복도는 두 사람이 지나가기에 너무 좁았다.
wide [와이드]	adj. 넓은, 너른; 폭넓은, 다양한 The river is wide enough for two boats to pass. 강은 배 두 척이 지나갈 수 있을 정도로 충분히 폭이 넓다.
raise [레이즈]	v. 올리다, 일으키다, 들어 올리다 If you have any question, please raise your hand. 질문이 있다면, 손을 들어주세요.

raise

teach [티:취]	v. (taught, taught) 가르치다, 알려주다 Olivia teaches music in a high school. 올리비아는 고등학교에서 음악을 가르친다.

teach

real [뤼얼]	adj. 진짜의, 현실의, 실제의 This is not a real diamond. 이것은 진짜 다이아몬드가 아니다.

Exercise

1 – 5. 단어와 뜻을 서로 연결하세요.

1. art	a) 출생
2. life	b) 예술
3. birth	c) 기침
4. cough	d) 환자
5. patient	e) 인생

6 – 10. 그림에 해당하는 단어를 찾아 문장을 완성하세요.

6. The girl spreads her arms _____.

   a) wide   b) wild

7. The man _____ his hat.

   a) drops   b) raises

8. A guide dog leads the _____.

   a) blind   b) blond

9. The girl is bursting into _____.

   a) tears   b) laughter

10. The boy _____ is wearing a hat.

   a) on the left   b) in the middle

11 – 15. 주어진 문장의 빈칸에 가장 적절한 단어를 고르세요.

a) real b) teach c) decide d) popular e) hospital

11. Jason _____(e)d to stay one more day.

12. The task will be a _____ challenge for you.

13. Basketball is a _____ sport in South Korea.

14. We need more ambulances to take the injured to _____.

15. Many schools _____ their students how to swim.

16 – 20. 녹음을 잘 듣고 문장을 따라 쓴 후, 문장과 일치하는 그림을 찾아 그 기호를 쓰세요.

16. _____ (   )

17. _____ (   )

18. _____ (   )

19. _____ (   )

20. _____ (   )

Listening Points

16. ill in bed
17. artist / paint
18. narrow path
19. look after / patient
20. satisfied with / exam
     result

A

B

C

D

E

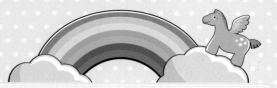

Day 12

★ **Match words to pictures.**
(그림에 맞는 단어를 목록에서 찾아 쓰세요.)

- ☐ face
- ☐ leap
- ☐ key
- ☐ spill
- ☐ vegetable

1. (   )

2. (   )

3. (   )

4. (   )

5. (   )

Today's Task

★ **How many words do you know?**
(오늘 학습할 단어입니다. 알고 있는 단어에 √로 표시하세요.)

☐ early	☐ spill	☐ paint
☐ clear	☐ care	☐ smell
☐ diligent	☐ key	☐ potato
☐ face	☐ luck	☐ pumpkin
☐ brain	☐ shore	☐ vegetable
☐ shoulder	☐ lake	☐ prize
☐ leap	☐ ocean	

early
[얼:리]

adv. 일찍, adj. 이른, 초기의
We arrived an hour early for the meeting.
우리는 회의에 한 시간 일찍 도착했다.

clear
[클리어]

adj. 맑은, 명백한, 분명한
The sky was clear when we left the city.
우리가 그 도시를 떠날 때 하늘은 맑았다.

diligent
[딜리전트]

adj. 부지런한, 근면한, 성실한
Joe is more diligent than anyone else in his class.
조는 그의 반에서 다른 누구보다 더 성실하다.

face
[페이스]

n. 얼굴, 표정   v. 마주보다, 직면하다
Let's talk face to face.
직접 만나서 이야기합시다.

brain
[브레인]

n. 뇌, 머리, 지능
The work requires both brains and brawn.
그 일은 지력과 체력을 모두 요구합니다.
★ brawn 체력

brain

shoulder
[쇼울더]

n. 어깨
My left shoulder hurts.
내 왼쪽 어깨가 아프다.

leap
[맆:]

n. 도약, 높이뛰기, 멀리 뛰기   v. (leaped / leapt, leaped / leapt) 뛰다, 넘다
Look before you leap.
뛰기 전에 잘 살펴보라. (속담: 매사 신중하게 행동하라는 의미)

Day 11
Day 12
Day 13
Day 14
Day 15
Day 16
Day 17
Day 18
Day 19
Day 20

spill [스필]	v. (spilled / spilt, spilled / spilt) 흘리다, 쏟다 **It is no use crying over spilt milk.** 우유를 쏟은 후 울어도 소용없다. (속담: 소 잃고 외양간 고치기) **Maggie spilled coffee on the tablecloth.** 매기는 테이블 보에 커피를 쏟았다. spill
care [케어]	n. 걱정, 염려, 관심 v. 관심을 갖다, 배려하다 **Leave it to me. I'll take care of it.** 저에게 맡겨주십시오. 제가 처리하겠습니다. ★ take care of … 돌보다, 처리하다
key [키:]	n. 열쇠, 비결, 실마리 adj. 중요한, 핵심적인 **Jane lost her car key this morning.** 제인은 오늘 아침 그녀의 자동차 열쇠를 잃어버렸다. ★ key role 핵심적 역할 key figure 핵심 인물
luck [럭]	n. 행운, 운수, 운명 **Wish me good luck.** 저에게 행운을 빌어주세요.
shore [쇼:어]	n. 물가, 해안, 바닷가, 호숫가 **A woman is walking along the shore of the lake.** 한 여인이 호수가를 걷고 있다.
lake [레이크]	n. 호수 **You cannot swim in this lake.** 이 호수에서는 수영을 할 수 없다. lake
ocean [오션]	n. 대양, 바다 **The lake is so big that it looks like an ocean.** 그 호수는 너무 커서 바다처럼 보인다.

paint [페인트]	n. 물감, 페인트 v. 그리다, 색칠하다, 페인트를 칠하다 Maria painted the wall pink. 마리아는 벽을 핑크색으로 칠했다.

smell
[스멜]

n. 냄새, 향기 v. (smelled / smelt, smelled / smelt) 냄새가 나다, 냄새를 맡다
This flower smells sweet.
이 꽃은 향기로운 냄새가 난다.
This soap has the smell of jasmine flower.
이 비누에서는 재스민 꽃향기가 난다.

smell

potato
[포테이토]

n. 감자
I like potato chips.
나는 감자 튀김을 좋아한다.

potato

pumpkin
[펌킨]

n. 호박
In the United States, it is traditional to serve pumpkin pie on Thanksgiving.
미국에서는 추수감사절에 호박 파이를 먹는 것이 전통이다.

pumpkin

vegetable
[베저터블]

n. 채소, 야채
These vegetables are rich in vitamins.
이 채소들은 비타민이 풍부하다.

prize
[프라이즈]

n. 상, 상품, 경품 v. 소중하게 여기다
George won the first prize in a hot dog eating contest.
조지는 핫도그 먹기 대회에서 1 등을 했다.

Exercise

1 - 5. 단어와 뜻을 서로 연결하세요.

1. brain	a) 감자
2. shore	b) 대양
3. ocean	c) 호박
4. potato	d) 두뇌
5. pumpkin	e) 바닷가

6 - 10. 그림에 해당하는 단어를 찾아 문장을 완성하세요.

6. He won a _____.

　　a) price　　b) prize

7. A bird sits on the man's _____.

　　a) knee　　b) shoulder

8. The girl is _____.

　　a) diligent　　b) lazy

9. The boy woke up _____ in the morning.

　　a) late　　b) early

10. The man is _____ the fence.

　　a) painting　　b) repairing

11 – 15. 주어진 문장의 빈칸에 가장 적절한 단어를 고르세요.

a) care   b) clear   c) face   d) luck   e) smelt

11. The sky is _____, and there is no sign of rain.

12. If there is any problem, I will take _____ of it.

13. When Tom entered the room, he _____ gas.

14. When she heard the news, her _____ turned pale.

15. Some people consider the black cat a sign of bad _____.

16 – 20. 녹음을 잘 듣고 문장을 따라 쓴 후, 문장과 일치하는 그림을 찾아 그 기호를 쓰세요.

16. _____ (   )

17. _____ (   )

18. _____ (   )

19. _____ (   )

20. _____ (   )

Listening Points

16. leaps into the pond
17. swim in the lake
18. left / key in the car
19. vegetable dish
20. spilt coffee

A

B

C

D

E

Day 11
Day 12
Day 13
Day 14
Day 15
Day 16
Day 17
Day 18
Day 19
Day 20

Day 13

☐ fill
☐ sow
☐ miss
☐ build
☐ deliver

1. (   ) 2. (   )

3. (   ) 4. (   ) 5. (   )

Today's Task ★ **How many words do you know?**
(오늘 학습할 단어입니다. 알고 있는 단어에 √로 표시하세요.)

☐ perfect	☐ fill	☐ pitch
☐ build	☐ frog	☐ sow
☐ deliver	☐ ground	☐ several
☐ different	☐ thief	☐ sweet
☐ energy	☐ lock	☐ heat
☐ muscle	☐ miss	☐ vacation
☐ equal	☐ obey	

perfect [**퍼**펙트]	adj. 완전한, 완벽한 **There is no perfect person in the world.** 세상에 완벽한 사람은 없다.
build [빌드]	v. (built, built) 건물을 짓다, 건축하다 **I built a bookshelf in my study.** 나는 서재에 책장을 만들었다.
deliver [딜**리**버]	v. 배달하다, 전하다 **Please deliver the parcel to this address.** 소포를 이 주소로 보내주세요.
different [**디**퍼런트]	adj. 다른, 차이가 있는, 각양각색의 **They tried to deal with the issue in many different ways.** 그들은 그 문제를 여러 다양한 방법으로 해결하려 시도했다.
energy [에너지]	n. 힘, 기운, 활기, 에너지 **Save your energy. You will need it later.** 기운을 아껴. 나중에 그것이 필요할 거야.
muscle [**머**슬]	n. 근육, 힘, 근력 **This exercise will help you develop your muscles.** 이 운동은 당신의 근육을 발달시키는 데 도움을 줄 것이다.  muscle
equal [**이**:퀄]	adj. (수, 양, 또는 가치가) 같은, 동등한 **I want to cut the cake into three equal pieces.** 나는 케이크를 똑같이 3 등분으로 자르기를 원합니다.

fill
[필]

v. 채우다, 메우다, 가득 차다
Can you fill this bucket with water?
이 양동이를 물로 채워 주시겠습니까?

frog
[프록]

n. 개구리
He is nothing but a big frog in a small pond.
그는 우물 안 개구리에 불과하다.
★ nothing but … 에 불과한

frog

ground
[그라운드]

n. 땅, 땅바닥, 지면, 운동장
Boys are playing football on the ground.
남자 아이들이 운동장에서 축구를 하고 있다.

thief
[씨:프]

n. 도둑, 절도범
A thief broke into the house through the window.
도둑은 창문을 통해 집 안으로 침입했다. ★ break in/into 침입하다, 잠입하다

thief

lock
[락:]

n. 자물쇠 v. 자물쇠를 채우다, 잠그다
She went back to her room and locked the door.
그녀는 자신의 방으로 돌아가 문을 잠갔다. ★ unlock 열다

lock

miss
[미스]

v. 놓치다, 빗나가다, 실패하다; 그리워하다
We have to start now, or we will miss the train.
지금 출발하지 않으면, 기차를 놓칠 것이다.

obey
[오베이]

v. 복종하다, 따르다, (규칙, 법 등을) 지키다
We must obey the rules.
우리는 규칙을 따라야 합니다.

pitch
[피취]

n. 던지기, (야구) 등판   v. 던지다, 내던지다, (야구) 등판하다
The player is good at pitching curveballs.
그 선수는 커브 볼을 잘 던진다.

pitch

sow
[쏘우]

v. (sowed, sown / sowed) 씨를 뿌리다
You reap what you sow.
뿌린 대로 거둔다. (속담)

several
[세버럴]

adj. 여럿의, 몇몇의
Several people were injured in the car accident.
그 교통 사고로 여러 사람들이 다쳤다.
I heard the phone ring several times.
전화벨이 여러 번 울리는 것을 들었다.

sweet
[스위:트]

adj. 달콤한, 단, 향기로운
Honey is much sweeter than sugar.
꿀은 설탕보다 훨씬 더 달다.

heat
[히:트]

n. 열기, 열, 더위   v. 뜨거워지다, 가열하다, 데우다
Let me heat up the soup for you.
수프를 데워 줄게요.
I can't stand the heat anymore.
더 이상 열기를 견딜 수가 없군요.

heat

vacation
[베케이션]

n. 휴가, 방학
The summer vacation starts next week.
여름 방학은 다음 주 시작된다.

vacation

Day 11
Day 12
Day 13
Day 14
Day 15
Day 16
Day 17
Day 18
Day 19
Day 20

Exercise

1 – 5. 단어와 뜻을 서로 연결하세요.

1. obey	a) 다른
2. pitch	b) 여럿의
3. several	c) 완벽한
4. perfect	d) 던지다
5. different	e) 복종하다

6 – 10. 그림에 해당하는 단어를 찾아 문장을 완성하세요.

6. The children are _____ing a sandcastle.

   a) spill   b) build

7. The girl is _____ing the balloons with water.

   a) fill   b) care

8. The boy _____ed the bus.

   a) leap   b) miss

9. The postman _____s letters.

   a) deliver   b) decide

10. The man is going to _____ the door.

   a) lock   b) raise

11 – 15. 주어진 문장의 빈칸에 가장 적절한 단어를 고르세요.

a) sweet b) equal c) muscle d) energy e) vacation

11. Two plus three _____s five.

12. This fruit tastes _____ and sour.

13. Plants use the sun's _____ to produce sugar.

14. We are planning a trip to Japan during the _____.

15. You have to stretch your _____s before playing tennis.

16 – 20. 녹음을 잘 듣고 문장을 따라 쓴 후, 문장과 일치하는 그림을 찾아 그 기호를 쓰세요.

16. _____ (   )

17. _____ (   )

18. _____ (   )

19. _____ (   )

20. _____ (   )

Listening Points

16. frogs / in the water
17. thief / unlock the safe
18. sow seeds in the field
19. feel dizzy / summer heat
20. fell to the ground

A   B

C   D   E

Preview Test

★ **Match words to pictures.**
(그림에 맞는 단어를 목록에서 찾아 쓰세요.)

- ☐ hurt
- ☐ leak
- ☐ arrest
- ☐ accident
- ☐ telephone

1. (   )

2. (   )

3. (   )

4. (   )

5. (   )

Today's Task

★ **How many words do you know?**
(오늘 학습할 단어입니다. 알고 있는 단어에 √로 표시하세요.)

- ☐ use
- ☐ useful
- ☐ accident
- ☐ arrest
- ☐ bear
- ☐ busy
- ☐ happiness
- ☐ hurt
- ☐ recover
- ☐ leak
- ☐ liquid
- ☐ observe
- ☐ remember
- ☐ produce
- ☐ quality
- ☐ sand
- ☐ steal
- ☐ telephone
- ☐ thirsty
- ☐ wet

use
[유·스, 유·즈]

n. 사용, 이용　v. 쓰다, 사용하다, 이용하다
It is no use reasoning with him.
그를 (논리적으로) 설득하는 것은 아무런 소용이 없다.

useful
[유·스풀]

adj. 유용한, 쓸모 있는, 도움이 되는
I will give you a few useful tips on how to save money.
돈을 절약하는 방법에 대한 몇 가지 유용한 조언을 해주겠습니다.

accident
[액씨던트]

n. 사고, 사건, 재해
Sally was injured in a car accident this morning.
샐리는 오늘 아침 교통 사고로 부상을 당했다.

accident

★ by accident 우연히, 사고로

arrest
[어뤠스트]

n. 체포, 저지　v. 체포하다, 막다, 저지하다
The police arrested the suspect.
경찰은 용의자를 체포했다.

bear
[베어]

n. 곰　v. (bore, borne) 참다, 견디다, 지탱하다; (새끼를) 낳다, 결실을 보다
She couldn't bear the pain anymore.
그녀는 고통을 더 이상 참을 수 없었다.

busy
[비지]

adj. 바쁜, 열심인, 붐비는
It will be another busy day today.
오늘도 바쁜 하루가 될 것이다.

happiness
[해피니스]

n. 행복, 만족
Happiness is a place between too little and too much.
행복이란 부족한 것과 과한 것의 중간 지점이다. (격언)

hurt
[헐:트]

n. 상처　v. (hurt, hurt) 다치게 하다, 상처를 입히다　adj. 다친, 기분이 상한
I didn't mean to hurt you.
나는 당신의 기분을 상하게 할 의도는 없었어요.

recover
[리커버]

v. 회복하다, 되찾다, 만회하다
He fully recovered from the shock.
그는 충격에서 완전히 회복했다.

recover

leak
[리:크]

n. 새는 곳, 누출　v. 새다, 새게 하다, 누설하다
The water pipe leaks.
수도관이 샌다.

leak

liquid
[리퀴드]

n. 액체　adj. 액상의, 액체 형태의, 물 같은
Water and oil are liquid.
물과 기름은 액체이다.

observe
[업절:브]

v. 목격하다, 관찰하다, 지키다, 주시하다
Mike likes to observe insects.
마이크는 곤충을 관찰하는 것을 좋아한다.

observe

remember
[리멤버]

v. 기억하다, 생각해내다
I am sorry, but I can't remember your name.
미안하지만, 당신의 이름이 기억나지 않아요.

produce
[프로듀:스]

v. 생산하다, 낳다, 만들어내다
This factory will produce high-quality smartphones from next month.
이 공장에서는 다음 달부터 고품질 스마트 폰을 생산할 것이다.

quality
[퀄:러티]

n. 질, 품질, 자질, 특성, 특징
These products look similar but differ in quality.
이 제품들은 비슷해 보이지만 품질이 다르다.

sand
[쌘드]

n. 모래, 모래밭
Boys are filling the buckets with sand.
소년들이 양동이를 모래로 채우고 있다.

steal
[스틸:]

v. (stole, stolen) 훔치다, 도둑질하다, (야구) 도루하다
I had my purse stolen.
내 지갑을 도둑 맞았다.

telephone (phone)
[텔레폰, 폰]

n. 전화, 전화기   v. 전화 걸다
What is your home telephone number?
집 전화번호가 어떻게 되나요?
Is there any public phone booth around here?
이 근처에 공중 전화 박스가 있나요?

thirsty
[떨:스티]

adj. 목이 마른, 갈증이 나는, 갈망하는
I am extremely thirsty.
나는 목이 매우 마르다.
He is thirsty for money and power.
그는 돈과 권력을 갈망한다.

thirsty

wet
[웻]

adj. 젖은, 비가 오는, 궂은
Please take off your wet coat.
젖은 코트를 벗으세요.

wet

Day 11
Day 12
Day 13
Day 14
Day 15
Day 16
Day 17
Day 18
Day 19
Day 20

Exercise

1 – 5. 단어와 뜻을 서로 연결하세요.

1. use	a) 액체
2. liquid	b) 행복
3. produce	c) 이용하다
4. remember	d) 생산하다
5. happiness	e) 기억하다

6 – 10. 그림에 해당하는 단어를 찾아 문장을 완성하세요.

6. The street is _____ with traffic.

   a) empty   b) busy

7. The man looks _____.

   a) thirsty   b) happy

8. The boy slipped on the _____ floor.

   a) wet   b) wood

9. The man is _____ing a wallet from a woman.

   a) steal   b) repair

10. The boy broke a vase _____.

   a) on purpose   b) by accident

11 – 15. 주어진 문장의 빈칸에 가장 적절한 단어를 고르세요.

a) quality b) recover c) phone d) bear e) useful

11. This product is of a high _____.

12. She gave me some _____ information.

13. This panel is strong enough to _____ your weight.

14. Janet fully _____ed her health after three months.

15. My _____ is completely dead, so I need to charge it.

16 – 20. 녹음을 잘 듣고 문장을 따라 쓴 후, 문장과 일치하는 그림을 찾아 그 기호를 쓰세요.

16. _____ (   )

17. _____ (   )

18. _____ (   )

19. _____ (   )

20. _____ (   )

Listening Points

16. leak / water pipe
17. fell off / hurt his knee
18. sweeping up the sand
19. arrest / stealing
20. observe the plant

A

B

C

D

E

Day 11
Day 12
Day 13
Day 14
Day 15
Day 16
Day 17
Day 18
Day 19
Day 20

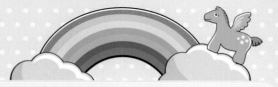

Preview Test

★ **Match words to pictures.**
(그림에 맞는 단어를 목록에서 찾아 쓰세요.)

☐ mail ☐ wing ☐ torch ☐ break ☐ shower	 1. ( )	 2. ( )
 3. ( )	 4. ( )	 5. ( )

Today's Task

★ **How many words do you know?**
(오늘 학습할 단어입니다. 알고 있는 단어에 √로 표시하세요.)

☐ aid	☐ health	☐ poor
☐ break	☐ salt	☐ rule
☐ choose	☐ sugar	☐ shower
☐ curve	☐ land	☐ together
☐ deep	☐ mail	☐ torch
☐ dry	☐ useless	☐ away
☐ gift	☐ wing	

aid
[에이드]

n. 원조, 지원   v. 돕다, 원조하다
The businessman aided people in need.
그 사업가는 어려움에 처한 사람들을 도와주었다.

break
[브레이크]

n. 중단, 휴지   v. (broke, broken) 깨다, 부수다, 부서지다
Let's have a break.
잠깐 쉬었다 하자.
James broke his ankle by accident.
제임스는 사고로 발목이 부러졌다.

break

choose
[츄:즈]

v. (chose, chosen) 고르다, 선택하다, 선정하다
You can choose one of them.
당신은 그것들 중에서 하나를 선택할 수 있다.

choose

curve
[커:브]

n. 곡선, 커브   v. 곡선을 이루다, 곡선으로 나아가다
The path curves gently to the left.
길은 완만하게 왼쪽으로 굽어져 있다.

deep
[딥:]

adj. 깊은   adv. 깊게, 깊이
This river is very deep. 이 강은 매우 깊다.

dry
[드라이]

adj. 마른, 건조한, 비가 오지 않는   v. (dried, dried) 마르다, 말리다
I am drying my hair.
나는 머리를 말리고 있는 중이다.

gift
[기프트]

n. 선물, 기증품; (타고난) 재능
I have a small gift for you.
너에게 줄 작은 선물이 있다.

Day 11
Day 12
Day 13
Day 14
Day 15
Day 16
Day 17
Day 18
Day 19
Day 20

health
[헬쓰]

n. 건강, 건강한 상태, 의료
Health is the most important in our lives.
건강은 우리 인생에서 가장 중요하다.
★ mental health 정신 건강
　health insurance 의료 보험

health

salt
[쏠:트]

n. 소금　v. 소금을 치다
Can you pass me the salt, please?
소금 좀 건네 주세요.

sugar
[슈거]

n. 설탕
How many spoons of sugar would you like? 설탕을 몇 스푼 넣을까요?

land
[랜드]

n. 땅, 육지　v. 착륙하다
The Earth's surface is covered by 70% water and 30% land.
지구 표면은 70%의 물과 30%의 육지로 덮여 있다.

land

mail
[메일]

n. 우편물　v. 우편물을 발송하다, 우편으로 보내다
I went to the post office to mail a parcel. 나는 소포를 부치기 위해 우체국에 갔다.

useless
[유:스리스]

adj. 쓸모없는, 소용없는
No one is useless in this world.
이 세상에서 쓸모없는 사람은 없다.

wing
[윙]

n. 날개, 계파, 진영　v. 날아가다
I saw a bird flap its wings.
나는 새 한 마리가 날개를 펄럭이는 것을 보았다.
★ flap (새가 날개를) 퍼덕거리다

poor
[푸어]

adj. 가난한, 빈곤한; 부족한, 나쁜

There always are both poor and rich in this world.

이 세상에는 언제나 부자와 가난한 사람들이 있다.

poor

rule
[룰:]

n. 규칙, 규정, 습관　　v. 다스리다, 지배하다

You should not break the rules.

규칙을 어겨서는 안된다.

I make it a rule to jog early in the morning.

나는 아침 일찍 조깅하는 것을 규칙으로 한다.

shower
[샤워]

n. 소나기, 샤워　　v. 샤워하다

I was caught in a sudden shower of rain this morning.

나는 오늘 아침 갑자기 소나기를 만났다.

★ be caught in … 을 만나다, … 에 빠지다

together
[투게더]

adv. 함께, 같이

Let's go out and eat dinner together.

나가서 함께 저녁 식사를 합시다.

together

torch
[톨:취]

n. 횃불, 손전등

The power suddenly went out. Do you have a torch or a candle?

전기가 갑자기 나갔어요. 손전등이나 양초가 있나요?

away
[어웨이]

a. (시간, 공간적으로) 떨어진, (자리에) 없는

The park is a few minutes' walk away.

공원은 도보로 몇 분 거리이다.

Day 11 / Day 12 / Day 13 / Day 14 / **Day 15** / Day 16 / Day 17 / Day 18 / Day 19 / Day 20

Exercise

1 – 5. 단어와 뜻을 서로 연결하세요.

1. aid	a) 설탕
2. rule	b) 소나기
3. sugar	c) 도움
4. shower	d) 규칙
5. health	e) 건강

6 – 10. 그림에 해당하는 단어를 찾아 문장을 완성하세요.

6. The man looks _____.

   a) poor   b) rich

7. The woman is adding _____ to the meal.

   a) soil   b) salt

8. The bird expands its _____.

   a) wings   b) tools

9. The boy is putting a letter into a _____ box.

   a) mail   b) phone

10. The students are working _____.

   a) alone   b) together

11 – 15. 주어진 문장의 빈칸에 가장 적절한 단어를 고르세요.

a) curve b) deep c) gift d) useless e) away

11. This lake is about 30 meters _____.

12. My house is a few miles _____ from the town.

13. This necklace is a birthday _____ from my grandmother.

14. You should not waste your time and money on _____ things.

15. Reduce your speed as we are approaching a _____ on the road.

16 – 20. 녹음을 잘 듣고 문장을 따라 쓴 후, 문장과 일치하는 그림을 찾아 그 기호를 쓰세요.

16. _____ (   )

17. _____ (   )

18. _____ (   )

19. _____ (   )

20. _____ (   )

Listening Points

16. hang clothes out / dry
17. have a tea break
18. choose between
19. land / on the roof
20. run forward / torch

A

B

C

D

E

Day 11
Day 12
Day 13
Day 14
Day 15
Day 16
Day 17
Day 18
Day 19
Day 20

Day 16

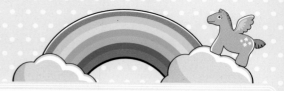

Preview Test

★ **Match words to pictures.**
(그림에 맞는 단어를 목록에서 찾아 쓰세요.)

- ☐ lift
- ☐ sink
- ☐ honey
- ☐ island
- ☐ laundry

1. (   )

2. (   )

3. (   )

4. (   )

5. (   )

Today's Task

★ **How many words do you know?**
(오늘 학습할 단어입니다. 알고 있는 단어에 √로 표시하세요.)

- ☐ each
- ☐ group
- ☐ honey
- ☐ laundry
- ☐ lift
- ☐ cash
- ☐ public
- ☐ ordinary
- ☐ perform
- ☐ supply
- ☐ refuse
- ☐ sail
- ☐ sink
- ☐ island
- ☐ upstairs
- ☐ view
- ☐ future
- ☐ whisper
- ☐ true
- ☐ worth

each
[이:취]

adj. /adv. / pron. 각각(의), 각자(의)
They are looking at each other.
그들은 서로를 바라보고 있다.
Each student has a different assignment.
학생들은 각각 다른 과제를 갖고 있다.

group
[그룹]

n. 집단, 무리
I want to join your group.
나는 당신들의 그룹에 가입하고 싶습니다.

honey
[허니]

n. 꿀, 벌꿀
Bees make honey from pollen.
벌은 꽃가루로 꿀을 만든다.
★ pollen 꽃가루, 화분

laundry
[론:드리]

n. 세탁, 세탁물, 세탁일, 세탁소
I have a lot of laundry to do today.
나는 오늘 세탁해야 할 것이 많다.

lift
[리프트]

n. 승강기, 태워 주기   v. 올리다, 들어 올리다, 올라가다
I need your help to lift this box.
이 상자를 들어 올리기 위해 너의 도움이 필요하다.

cash
[캐쉬]

n. 현금, 돈, 자금   v. 현금으로 바꾸다
I'd like to pay in cash.
나는 현금으로 지불하고 싶습니다.
I'd like to cash this check.
이 수표를 현금으로 바꾸고 싶습니다.

cash

public
[퍼블릭]

n. 대중, 일반인   adj. 공공의, 대중의, 일반인의
I often use public transportation.
나는 종종 대중교통을 이용한다.

Day 11
Day 12
Day 13
Day 14
Day 15
Day 16
Day 17
Day 18
Day 19
Day 20

ordinary [올:디너리]	adj. 보통의, 평범한, 일상적인 **He grew up in an ordinary family.** 그는 평범한 가정에서 자랐다.
perform [퍼폼:]	v. 공연하다, 수행하다 **People are watching the actors perform.** 사람들은 배우들이 공연하는 것을 보고 있다.
supply [써플라이]	n. 공급, 보급품　v. 공급하다, 제공하다 **When the supply decreases, the price will increase.** 공급이 감소하면, 가격은 상승한다. ★ decrease 감소하다　increase 증가하다
refuse [리퓨:즈]	v. (요청, 부탁, 초청 등을) 거절하다 **They refused my proposal.** 그들은 나의 제안을 거절했다.
sail [쎄일]	n. 돛, 항해　v. 항해하다, 나아가다 **She is the first woman to sail around the world.** 그녀는 배로 세계일주를 한 최초의 여성이다.  sail
sink [싱크]	v. (sank, sunk) 가라앉다 **The wheels sank into the mud.** 바퀴가 진창에 빠졌다. **The ship started to sink into the water.** 배가 물속으로 가라앉기 시작했다.
island [아일랜드]	n. 섬 **No one lives on the island.** 그 섬에는 아무도 살지 않는다.

upstairs
[업스**테**얼즈]

n. 위층   adj. 위층의   adv. 위층으로
The bathroom is upstairs.
욕실은 이층에 있습니다.
Mike is upstairs **sleeping.**
마이크는 이층에서 자고 있다.

view
[뷰:]

n. 경치, 의견, 관점   v. 여기다, 보다, 둘러보다
The island came into view.
섬이 보이기 시작했다.
John and Jill have different views **on politics.**
존과 질은 정치적 견해가 다르다.

future
[**퓨**:쳐]

n. 미래, 장래, 앞날   adj. 미래의, 향후의
No one knows what is happening in the future.
미래에 어떤 일이 일어날지 아무도 모른다.

whisper
[**위**스퍼]

n. 속삭임, 소곤거림   v. 속삭이다, 은밀히 말하다
She spoke in a low whisper.
그녀는 낮게 속삭이듯 말했다.

whisper

true
[트루:]

adj. 사실인, 맞는, 진실한
What he said was true.
그가 한 말은 사실이었다.

worth
[월:쓰]

n. 가치, 값어치   adj. 가치가 있는, 해 볼 만한
It is worth **a try.**
그것은 시도해 볼 가치가 있다.
The land is now worth **more than a million dollars.**
그 땅은 현재 백만 달러 이상의 가치가 있다.

Day 11
Day 12
Day 13
Day 14
Day 15
Day 16
Day 17
Day 18
Day 19
Day 20

Exercise

1 – 5. 단어와 뜻을 서로 연결하세요.

1. true	a) 미래
2. each	b) 진실한
3. future	c) 단체
4. group	d) 평범한
5. ordinary	e) 각자의

6 – 10. 그림에 해당하는 단어를 찾아 문장을 완성하세요.

6. The baby is _____ to eat his meal.

   a) refusing   b) willing

7. The boat is _____ out to sea.

   a) loading   b) sailing

8. The woman is walking _____.

   a) upstairs   b) downstairs

9. A group of people are _____ music.

   a) listening to   b) performing

10. There is a holiday house on the _____.

   a) beach   b) island

11 – 15. 주어진 문장의 빈칸에 가장 적절한 단어를 고르세요.

a) honey b) public c) view d) worth e) supply

11. In my point of _____, he is right.

12. It is _____ considering what he suggested.

13. The subway is one of the _____ transportation systems.

14. There is a close relationship between _____ and demand.

15. Do you know how much _____ a worker bee makes in its lifetime?

16 – 20. 녹음을 잘 듣고 문장을 따라 쓴 후, 문장과 일치하는 그림을 찾아 그 기호를 쓰세요.

16. _____ (   )

17. _____ (   )

18. _____ (   )

19. _____ (   )

20. _____ (   )

Listening Points

16. lift a heavy box
17. carry / laundry basket
18. escape / a sinking ship
19. talk in a whisper
20. withdrawing cash / ATM

A

B

C

D

E

* withdraw cash 현금을 인출하다 / ATM (automated teller machine) 현금 인출기

Day 11
Day 12
Day 13
Day 14
Day 15
Day 16
Day 17
Day 18
Day 19
Day 20

Day 17

★ **Match words to pictures.**
(그림에 맞는 단어를 목록에서 찾아 쓰세요.)

☐ castle
☐ height
☐ soldier
☐ scholar
☐ decrease

1. (　　　　)

2. (　　　　)

3. (　　　　)

4. (　　　　)

5. (　　　　)

Today's Task

★ **How many words do you know?**
(오늘 학습할 단어입니다. 알고 있는 단어에 √로 표시하세요.)

☐ bake
☐ alike
☐ attend
☐ castle
☐ circle
☐ decrease
☐ depend

☐ favorite
☐ pleasant
☐ height
☐ imagine
☐ remove
☐ town
☐ navy

☐ soldier
☐ gun
☐ scholar
☐ official
☐ shadow
☐ visible

bake
[베이크]

v. 굽다, 구워지다
She taught me how to bake an apple pie.
그녀는 나에게 사과 파이 굽는 법을 가르쳐주었다.

alike
[얼라이크]

adj. 비슷한, 같은
The twin sisters look exactly alike.
그 쌍둥이 자매는 서로 꼭 닮았다.

attend
[어텐드]

v. 참석하다, 다니다
You all have to attend the meeting tomorrow morning.
여러분들은 모두 내일 아침 회의에 참석해야 합니다.

castle
[캐쓸]

n. 성
The castle was built five hundred years ago.
저 성은 500년 전에 지어졌다.

circle
[썰:클]

n. 동그라미, 원   v. 원을 그리다, (공중에서) 빙빙 돌다
You can draw a circle with a compass.
컴퍼스를 이용해서 원을 그릴 수 있다.

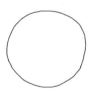
circle

decrease
[디크리스, 디크리즈]

n. 감소, 하락   v. 감소하다, 감소시키다
Our sales are decreasing recently.
최근 판매가 줄어들고 있다.
This tablet will decrease your pain.
이 알약은 당신의 통증을 줄여줄 것입니다.

depend
[디펜드]

v. … 에 의존하다, 의지하다
The result depends on your efforts.
결과는 당신의 노력에 달려있다.

favorite [페이버릿트]	adj. 아주 좋아하는, 특히 잘하는 n. 좋아하는 사람 또는 물건 **Cycling is my** favorite **sport.** 자전거 타기는 내가 좋아하는 운동이다.
pleasant [플레전트]	adj. 기분 좋은, 유쾌한, 쾌적한 **I hope you have a** pleasant **trip.** 즐거운 여행이 되기를 바랍니다.
height [하이트]	n. 높이, 키, 신장 **The Eiffel Tower is 320 meters in** height. 에펠탑은 높이가 320 미터이다.
imagine [이**매**진]	v. 상상하다, 생각하다, 믿다 **I can't** imagine **what she is thinking.** 그녀가 무슨 생각을 하고 있는지 짐작이 가지 않는다. **Can you** imagine **a life without cars?** 자동차가 없는 세상을 상상할 수 있나요?
remove [리**무**:브]	v. 옮기다, 치우다, 제거하다 **We have to** remove **the old furniture.** 우리는 낡은 가구를 치워야 합니다.
town [타운]	n. 읍, 소도시 **She grew up in a small** town **near Boston.** 그녀는 보스턴 근처의 작은 마을에서 자랐다.
navy [네이비]	n. 해군 **He served fifteen years in the US** Navy. 그는 미 해군에서 15년을 복무했다.

imagine

Day 17 Vocabulary

soldier
[쏘울저]

n. 군인, 병사
The soldiers are on guard.
군인들이 경비를 서고 있다.
★ on guard 보초를 서는, 경계근무 중인
A group of soldiers occupied the building.
군 부대가 그 건물을 점령했다.

gun
[건]

n. 총, 포, 총 모양의 기구
The first machine gun was invented in 1884.
최초의 기관총은 1884년 발명되었다.

gun

scholar
[스콜:라]

n. 학자
He is well known as a scholar.
그는 학자로서 잘 알려져 있다.

official
[오피셜]

adj. 공식적인, 공무상의, 공적인　n. 공무원, 관리, 임원
The U.S. President made an official visit to Seoul in June.
미 대통령은 6월에 서울을 공식 방문했다.

shadow
[쉐도우]

n. 그림자, 어둠, 그늘　v. 그늘을 드리우다
There is no light without shadows.
그림자 없는 빛은 없다. (격언)

shadow

visible
[비저블]

adj. 볼 수 있는, 눈에 보이는, 가시적인
The castle is visible from a distance.
그 성은 멀리서도 보인다.

Exercise

1 – 5. 단어와 뜻을 서로 연결하세요.

1. town	a) 학자
2. official	b) 소도시
3. scholar	c) 공식적인
4. imagine	d) 감소하다
5. decrease	e) 상상하다

6 – 10. 그림에 해당하는 단어를 찾아 문장을 완성하세요.

6. The babies look a lot _____.

    a) like   b) alike

7. The policewoman is holding a _____.

    a) cup   b) gun

8. The man measures the kid's _____.

    a) height   b) weight

9. The girl is drawing a _____.

    a) triangle   b) circle

10. The chef is _____ a pizza.

    a) baking   b) ordering

11 – 15. 주어진 문장의 빈칸에 가장 적절한 단어를 고르세요.

a) navy b) depend c) favorite d) pleasant e) visible

11. Spring is my _____ season.

12. My brother joined the _____ after graduation.

13. A lot of stars are not _____ to the naked eye.

14. Your success _____s on how hard you work.

15. The tree in the garden makes a _____ shade in summer.

16 – 20. 녹음을 잘 듣고 문장을 따라 쓴 후, 문장과 일치하는 그림을 찾아 그 기호를 쓰세요.

16. _____ (   )

17. _____ (   )

18. _____ (   )

19. _____ (   )

20. _____ (   )

Listening Points

16. castle / on the hill
17. soldiers / salute the flag
18. remove dust
19. attend a meeting
20. under the shadow

A

B

C

D

E

* salute 경례하다, 경의를 표하다

Day 18

★ **Match words to pictures.**
(그림에 맞는 단어를 목록에서 찾아 쓰세요.)

☐ hit
☐ tool
☐ insect
☐ portrait
☐ merchant

1. (   )

2. (   )

3. (   )

4. (   )

5. (   )

Today's Task

★ **How many words do you know?**
(오늘 학습할 단어입니다. 알고 있는 단어에 √로 표시하세요.)

☐ exit
☐ hit
☐ join
☐ merchant
☐ noise
☐ upset
☐ insect

☐ outdoor
☐ temporary
☐ portrait
☐ piece
☐ quarter
☐ shade
☐ restaurant

☐ spectator
☐ symbol
☐ tool
☐ various
☐ weight
☐ zone

exit [엑씨트]	n. 출구, 퇴장　v. 나가다, 퇴장하다, 종료하다 **You should not block the fire exit.** 화재 비상구를 막아서는 안된다.	
hit [힛]	n. 치기, 타격　v. (hit, hit) 때리다, 치다, 부딪치다 **A truck hit my car this morning.** 오늘 아침 트럭이 내 차를 들이 받았다.	
join [조인]	v. 가입하다, 참가하다, 연결되다 **I want to join the swimming club.** 나는 수영 클럽에 가입하고 싶다.	
merchant [멀:췬트]	n. 상인, 무역상 **My uncle is a merchant who deals in computer software.** 삼촌은 컴퓨터 소프트웨어를 거래하는 상인이다. ★ deal in 거래하다, 취급하다	
noise [노이즈]	n. (시끄러운) 소리, 소음, 잡음 **I woke up because of an unusual noise outside.** 나는 밖에서 나는 이상한 소음 때문에 잠을 깼다.	
upset [업셋]	adj. 속상한, 당황한　v. (upset, upset) 속상하게 하다, 당황하게 하다 **The boy looks upset about something.** 소년은 무엇인가에 화가 나 보인다.	
insect [인쎅트]	n. 곤충 **Maggy's hobby is collecting insects.** 매기의 취미는 곤충 수집이다.	

Day 18 Vocabulary

outdoor [아웃도:어]	adj. 야외의, 옥외의 **Mary often visits the outdoor café.** 메리는 그 노천 카페에 종종 간다.
temporary [템포러리]	adj. 일시적인, 임시의 **We have to hire some temporary staff.** 우리는 임시 직원을 몇 명 채용해야 합니다.
portrait [포:트레이트]	n. 초상화, 인물 사진, 상세한 묘사 **The woman in the portrait is my great grandmother.** 초상화 속의 여인은 나의 증조 할머니이십니다.
piece [피:쓰]	n. 한 개, 한 조각, 한 부분 **Jessica cut the pizza into five pieces.** 제시카는 피자를 5 등분으로 잘랐다. piece
quarter [쿼:터]	n. 15분, 4분의 1 **It is a quarter past five.** 지금 시간은 5 시 15 분입니다. **Sales increased in the first quarter.** 1/4 분기에 매출이 증가했다. quarter
shade [쉐이드]	n. 그늘, 가리개 v. 가리다, 그늘지게 하다 **Why don't we sit in the shade of the tree over there?** 저기 있는 나무 그늘에 가서 앉자.
restaurant [뤠스토런:트]	n. 식당, 레스토랑 **I work in a fast-food restaurant every weekend.** 나는 주말마다 패스트푸드 식당에서 일합니다.

spectator
[스펙**테**이터]

n. 관객, 관중, 구경꾼

More than 30,000 spectators filled the stadium.
3만 명 이상의 관객이 경기장을 메웠다.

spectator

symbol
[**씸**볼]

n. 상징, 상징물, 부호

The olive branch is a symbol of peace.
올리브 나뭇가지는 평화의 상징이다.

tool
[툴·]

n. 도구, 연장, 공구

Carpenters use many different tools to cut and shape wood.
목수들은 나무를 자르거나 모양을 만들기 위해 다양한 도구들을 사용한다.

various
[**베**리어쓰]

adj. 여러 가지의, 다양한

There are various ways to resolve the issue.
문제를 해결하기 위한 다양한 방법들이 있습니다.

weight
[웨이트]

n. 무게, 체중

He gained a lot of weight recently.
그는 최근에 체중이 많이 늘었다.

weight

zone
[존]

n. 지역, 지대, 구역

The speed limit in the school zone is 20 mph.
학교 보호 구역 내에서의 속도 제한은 시속 20 마일입니다.

★ mph (miles per hour) 시속 마일

Day 11
Day 12
Day 13
Day 14
Day 15
Day 16
Day 17
Day 18
Day 19
Day 20

Exercise

1 – 5. 단어와 뜻을 서로 연결하세요.

1. join	a) 출구
2. exit	b) 상인
3. various	c) 다양한
4. quarter	d) 가입하다
5. merchant	e) 4분의 1

6 – 10. 그림에 해당하는 단어를 찾아 문장을 완성하세요.

6. The boy measures his _____.

   a) height   b) weight

7. The girl appears _____.

   a) offset   b) upset

8. The boy is collecting _____.

   a) insects   b) stamps

9. The man is holding a _____ box.

   a) lunch   b) tool

10. People are sitting at an _____ cafe.

   a) outdoor   b) outline

11 – 15. 주어진 문장의 빈칸에 가장 적절한 단어를 고르세요.

a) noise b) piece c) spectator d) symbol e) temporary

11. She ate the last _____ of cake.

12. You should not make _____ in the library.

13. The four-leaf clover is a _____ of good luck.

14. _____s are watching the baseball game.

15. The company is going to hire part-time or _____ workers.

16 – 20. 녹음을 잘 듣고 문장을 따라 쓴 후, 문장과 일치하는 그림을 찾아 그 기호를 쓰세요.

16. _____ (   )

17. _____ (   )

18. _____ (   )

19. _____ (   )

20. _____ (   )

Listening Points

16. draw a portrait
17. hit / on the head
18. serve food / restaurant
19. no-parking zone
20. take a rest / in the shade

A

B

C

D

E

* no-parking zone 주차금지 구역

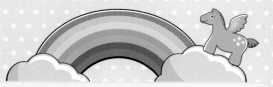

Day 19

★ **Match words to pictures.**
(그림에 맞는 단어를 목록에서 찾아 쓰세요.)

☐ fight
☐ serve
☐ silent
☐ increase
☐ damage

1. (   )

2. (   )

3. (   )

4. (   )

5. (   )

Today's Task

★ **How many words do you know?**
(오늘 학습할 단어입니다. 알고 있는 단어에 √로 표시하세요.)

☐ address   ☐ sunshine   ☐ appear
☐ chance   ☐ gentle   ☐ receive
☐ create   ☐ increase   ☐ serve
☐ electricity   ☐ lack   ☐ tend
☐ fight   ☐ modern   ☐ valid
☐ damage   ☐ ancient   ☐ without
☐ silent   ☐ believe

address
[애드뤠쓰, 어드뤠쓰]

n. 주소   v. 주소를 쓰다, (우편물을) 보내다
I will give you my email address.
내 이메일 주소를 알려 줄게.

chance
[챈스]

n. 기회, 가능성, 우연
Remember that there is no second chance. 두 번 기회는 없다는 것을 기억해.

create
[크리에이트]

v. 창조하다, 창작하다, 창출하다
All men are created **equal.**
사람들은 모두 동등하게 창조되었다.

electricity
[일렉트리써티]

n. 전기, 전력
This car runs on electricity.
이 자동차는 전기로 움직인다.
The electricity **went out during the storm last night.**
어젯밤 폭풍우에 전기가 나갔다.

electricity

fight
[파이트]

n. 싸움, 투쟁, 전투   v. (fought, fought) 싸우다, 다투다, 겨루다
Two boys are fighting **on the street.**
남자 아이 두 명이 거리에서 싸우고 있다.

damage
[대미쥐]

n. 손해, 손상, 피해   v. 피해를 입히다, 훼손하다
The flood caused a lot of damage **to the village.**
홍수는 그 마을에 많은 피해를 입혔다.
★ flood 홍수

silent
[싸일런트]

adj. 조용한, 침묵을 지키는
He kept silent **during the meeting.**
회의 중 그는 침묵을 지켰다.

Day 11
Day 12
Day 13
Day 14
Day 15
Day 16
Day 17
Day 18
Day 19
Day 20

sunshine [썬샤인]	n. 햇빛, 햇살 **People enjoy the warm sunshine in the park.** 사람들은 공원에서 따뜻한 햇살을 즐긴다.
gentle [젠틀]	adj. 온화한, 순한, 예의 바른 **I felt the gentle wind blowing on my face.** 나는 얼굴에 불어오는 부드러운 바람을 느꼈다.
increase [인크리:스, 인크리:스]	n. 증가, 인상 v. 늘다, 증가하다, 인상되다 **The cost of living is increasing every year.** 생활비는 매년 증가하고 있다.
lack [랙]	n. 부족, 결핍 v. … 이 없다, 부족하다, 결핍되다 **His project failed due to lack of funds.** 그의 프로젝트는 자금 부족으로 실패했다.
modern [모:던]	adj. 현대의, 현대적인, 근대의, 새로운 **In Seoul, old and modern buildings coexist.** 서울에는 오래된 건물과 현대적 건물이 공존한다.  modern
ancient [에인션트]	adj. 고대의, 아주 오래된 **I am interested in ancient history.** 나는 고대 역사에 관심이 있다.  ancient
believe [빌리:브]	v. 믿다, 생각하다, 여기다 **I believe what she said was true.** 나는 그녀가 했던 말이 사실이었다고 믿는다.

appear
[어**피**어]

v. … 로 보이다, 나타나다, 출두하다
He appears to be healthy.
그는 건강해 보인다.
He didn't appear to understand what I said.
그는 내가 한 말을 이해하는 것 같지 않았다.

receive
[리**시**:브]

v. 받다, 받아들이다, 입다, 당하다
Have you received my message?
내가 보낸 메시지 받았나요?
I received a call from Harry this morning.
나는 오늘 아침 해리로부터 전화를 받았다.

serve
[**썰**:브]

v. 제공하다, 봉사하다, 근무(복무)하다
Lunch will be served at the meeting.
회의 중 점심식사가 제공될 것입니다.

serve

tend
[텐드]

v. … 하는 경향이 있다, … 하기 쉽다
Alice tends to talk too much.
앨리스는 말을 너무 많이 하는 경향이 있다.

valid
[**밸**리드]

adj. 유효한, 정당한, 근거 있는
This ticket is valid for one week after purchase.
이 티켓은 구매 후 일주일 동안 유효합니다.

without
[위드**아웃**]

prep. … 없이
She left the room without saying a word.
그녀는 아무런 말 없이 방을 떠났다.

Exercise

1 – 5. 단어와 뜻을 서로 연결하세요.

1. tend	a) 믿다
2. create	b) 온화한
3. gentle	c) 나타나다
4. appear	d) 창조하다
5. believe	e) 경향이 있다

6 – 10. 그림에 해당하는 단어를 찾아 문장을 완성하세요.

6. The children are having a snowball _____.

a) effect   b) fight

7. The girl _____ a gift box from her mom.

a) delivers   b) receives

8. People are visiting _____ ruins.

a) ancient   b) anxious

9. The gallery displays _____ art pieces.

a) modern   b) popular

10. The chart shows sales are _____ rapidly.

a) closing   b) increasing

11 – 15. 주어진 문장의 빈칸에 가장 적절한 단어를 고르세요.

a) lack b) valid c) chance d) without e) address

11. I will give you one more _____.

12. I cannot read _____ my glasses.

13. The project failed due to _____ of funds.

14. I put a return _____ on the back of the envelope.

15. To log in, you have to enter a _____ username and password.

16 – 20. 녹음을 잘 듣고 문장을 따라 쓴 후, 문장과 일치하는 그림을 찾아 그 기호를 쓰세요.

16. _____ (   )

17. _____ (   )

18. _____ (   )

19. _____ (   )

20. _____ (   )

Listening Points

16. ask / to be silent
17. earthquake / damage
18. read / electricity meter
19. serve / customer
20. let the sunshine in

A

B

C

D

E

Day 11
Day 12
Day 13
Day 14
Day 15
Day 16
Day 17
Day 18
Day 19
Day 20

Day 20

☐ vote
☐ hold
☐ pack
☐ overseas
☐ yawn

1. (   )

2. (   )

3. (   )

4. (   )

5. (   )

Today's Task

★ **How many words do you know?**
(오늘 학습할 단어입니다. 알고 있는 단어에 √로 표시하세요.)

☐ successful   ☐ guess   ☐ memory
☐ aware   ☐ hold   ☐ necessary
☐ base   ☐ improve   ☐ selfish
☐ fact   ☐ vote   ☐ overseas
☐ clue   ☐ scare   ☐ pack
☐ control   ☐ lesson   ☐ yawn
☐ delay   ☐ urgent

successful
[썩쎄쓰풀]

adj. 성공한, 성공적인
Trump was a very successful businessman.
트럼프는 매우 성공한 사업가였다.

aware
[어웨어]

adj. 알고 있는, 의식하고 있는
I am well aware of the importance of the task.
나는 그 임무의 중요성을 잘 알고 있다.

base
[베이스]

n. 기초, 토대, 기반 v. 기초를 두다, 근거를 두다
His claim is based on facts.
그의 주장은 사실에 근거하고 있다.

fact
[팩트]

n. 사실, 실제
We are aware of the facts.
우리는 그 사실을 인지하고 있다.

clue
[클루:]

n. 실마리, 단서, 증거
The police searched the house but found no clues.
경찰은 그 집을 수색했지만 아무런 단서도 찾지 못했다.

clue

control
[컨트롤]

n. 통제, 지배, 지배권 v. 통제하다, 지배하다, 장악하다
That kid is out of control.
저 아이는 통제 불능이다.

delay
[딜레이]

n. 지연, 지체, 연기 v. 미루다, 연기하다
The train was delayed by heavy fog.
짙은 안개 때문에 기차가 연착했습니다.

Day 11
Day 12
Day 13
Day 14
Day 15
Day 16
Day 17
Day 18
Day 19
Day 20

guess [게쓰]	n. 추측, 짐작 v. 추측하다, 짐작하다 **I guess he will be all right in a few days.** 아마, 그는 며칠 지나면 괜찮아질 거야. guess
hold [홀드]	n. 쥐기, 잡기, 영향 v. (held, held) 쥐다, 잡다, 유지하다, 개최하다 **She held my hand tight.** 그녀는 내 손을 꼭 잡았다.
improve [임프**루**브]	v. 개선하다, 나아지다, 향상되다 **Your English has improved a lot.** 너의 영어 실력이 많이 나아졌다.
vote [보트]	n. 투표, 표결 v. 투표하다, 의사표시 하다 **You have the right to vote.** 당신은 투표할 권리가 있다.
scare [스케어]	n. 두려움, 불안감 v. 겁주다, 놀라게 하다, 놀라다 **Jane is scared of the dark.** 제인은 어둠을 무서워한다. **I wonder why he is so scared of a mouse.** 나는 그가 왜 쥐를 그렇게 무서워하는지 궁금하다. scare
lesson [레슨]	n. 수업, 학과, 교훈 **My piano lesson starts at 2 p.m.** 나의 피아노 레슨은 오후 2시에 시작한다.
urgent [**얼**전트]	adj. 긴급한, 시급한, 다급한 **He went to Washington on urgent business.** 그는 급한 용무로 워싱턴에 갔다.

memory
[메모리]

n. 기억, 추억, 회상
The accident is still fresh in his memory.
그 사고는 아직도 그의 기억속에 생생히 남아있다.
The photos brought back my childhood memories.
그 사진들은 나의 어린 시절 기억을 떠올리게 했다.

necessary
[네쎄써리]

adj. 필요한, 필연적인
I will ask for your help if it is necessary.
만약 필요하다면 당신에게 도움을 청하겠습니다.

selfish
[셀피쉬]

adj. 이기적인
I cannot stand his selfish **behavior.**
나는 그의 이기적인 행동을 참을 수가 없다.

overseas
[오버씨:즈]

adj. 해외의, 국외의   adv. 해외로, 해외에
Many companies plan to move overseas.
많은 회사들이 해외 이전을 계획하고 있다.
He was transferred to an overseas **branch last month.**
그는 지난 달 해외 지사로 전근했다.

pack
[팩]

n. 묶음, 꾸러미   v. (짐을) 싸다, 꾸리다, 포장하다
She is packing **her suitcase.**
그녀는 여행가방을 꾸리고 있다.
Wolves hunt in packs.
늑대는 무리를 지어서 사냥한다.

pack

yawn
[욘:]

n. 하품   v. 하품하다
Being bored, he began to yawn.
지루했으므로 그는 하품을 하기 시작했다.

Day 11
Day 12
Day 13
Day 14
Day 15
Day 16
Day 17
Day 18
Day 19
Day 20

Exercise

1 – 5. 단어와 뜻을 서로 연결하세요.

1. fact	a) 추측
2. guess	b) 사실
3. improve	c) 필요한
4. necessary	d) 성공적인
5. successful	e) 개선하다

6 – 10. 그림에 해당하는 단어를 찾아 문장을 완성하세요.

6. She is _____.

   a) selfish   b) smart

7. The girl is _____ of a spider.

   a) fond   b) scared

8. He appears to have an _____ matter.

   a) minor   b) urgent

9. The woman is going _____.

   a) overboard   b) overseas

10. The man is trying to find _____.

   a) clues   b) data

11 – 15. 주어진 문장의 빈칸에 가장 적절한 단어를 고르세요.

a) aware   b) base   c) control   d) delay   e) memory

11. He is trying to _____ his temper.

12. No one was _____ of his presence.

13. The village is located at the _____ of a mountain.

14. After the accident, she suffered from temporary _____ loss.

15. The flight will be _____ed for three hours due to heavy snowfall.

16 – 20. 녹음을 잘 듣고 문장을 따라 쓴 후, 문장과 일치하는 그림을 찾아 그 기호를 쓰세요.

16. _____ (   )

17. _____ (   )

18. _____ (   )

19. _____ (   )

20. _____ (   )

Listening Points

16. take a lesson
17. wait in line / vote
18. hold a child
19. bored / yawn
20. pack / camping trip

C

D

E

A

B

Day 21

Preview Test

★ **Match words to pictures.**
(그림에 맞는 단어를 목록에서 찾아 쓰세요.)

☐ safe
☐ burn
☐ branch
☐ medical
☐ harvest

1. (   )

2. (   )

3. (   )

4. (   )

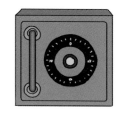

5. (   )

Today's Task

★ **How many words do you know?**
(오늘 학습할 단어입니다. 알고 있는 단어에 √로 표시하세요.)

☐ safe
☐ wise
☐ cost
☐ ache
☐ anxious
☐ medical
☐ burn

☐ reality
☐ protect
☐ education
☐ enough
☐ forecast
☐ instead
☐ branch

☐ harvest
☐ license
☐ original
☐ past
☐ remind
☐ mystery

Day 21
Day 22
Day 23
Day 24
Day 25
Day 26
Day 27
Day 28
Day 29
Day 30

safe [세이프]	n. 금고 **Keep the valuables in the safe.** 귀중품은 금고에 보관하세요. ★ Day 7 safe 참고
wise [와이즈]	adj. 현명한, 슬기로운 **A wise man would not do such a thing.** 현명한 사람이라면 그런 일은 하지 않을 것이다.
cost [코:스트]	n. 값, 경비, 비용 v. (cost / costed, cost / costed) 비용이 들다 **How much does the smartphone cost?** 이 스마트폰 가격은 얼마입니까?
ache [에이크]	n. 아픔, 통증 v. 아프다 **I have an ache in my back.** 나는 등에 통증이 있다. **My legs are aching after the long walk.** 나는 오래 동안 걸어서 다리가 아프다. ache
medical [메디컬]	adj. 의료의, 의학의 **Mark is a medical student.** 마크는 의대생이다.
anxious [앵셔쓰]	adj. 걱정되는, 염려하는, 불안해 하는 **I am anxious about his safety.** 나는 그의 안전이 걱정된다. anxious
burn [버:언]	n. 화상 v. (burnt/burned, burnt/burned) 불에 타다, 태우다, 데다 **I burnt my fingers on a hot saucepan this morning.** 나는 오늘 아침 뜨거운 냄비에 손가락을 데었다.

reality [뤼**얼**리티]	n. 현실, 실제 상황 **His dream has become a** reality. 그의 꿈은 현실이 되었다. (그는 꿈을 이루었다.)
protect [프로**텍**트]	v. 지키다, 보호하다 **I am here to** protect **you.** 나는 당신을 보호하기 위해 여기 왔습니다. protect
education [**에**듀케이션]	n. 교육, 지도, 훈련 **The aim of** education **is not wealth.** 교육의 목표는 부자가 되는 것이 아니다.
enough [이**너**프]	adj. / adv. 충분한, 충분히 **She is old** enough **to drive.** 그녀는 충분히 운전할 나이가 된다.
forecast [**포**:어캐스트]	n. 예측, 예보　v. (forecasted / forecast, forecasted / forecast) 예보하다 **The weather** forecast **says it will be cold and windy tomorrow.** 일기 예보에 의하면 내일은 춥고 바람이 많을 것이라 한다. ★ weather forecast 일기 예보 forecast
instead [인스**테**드]	adv. 대신에 **I will have tea** instead **of coffee.** 나는 커피 대신 차를 마시겠습니다.
branch [브랜취]	n. 나뭇가지, 지사, 분점　v. 나뉘다, 갈라지다 **The boy cut a** branch **from the tree.** 소년은 나무에서 가지를 하나 잘랐다.

harvest
[**하**:비스트]

n. 수확, 추수   v. 수확하다
The rice harvest **will be good this year.**
올해 쌀 농사는 풍년이 될 것이다.
Because of the poor harvest**, rice prices have gone up.**
흉년이 들었기 때문에 쌀 가격이 올라갔다.

license
[**라**이쎈쓰]

n. 면허, 자격증   v. (공적으로) 허가하다
I renewed my driving license **last week.**
나는 지난주 운전면허증을 갱신했다.

license

original
[오리**쥐**널]

adj. 원래의, 독창적인   n. 원본
You have to stick to the original **plan.**
당신은 원래 계획을 고수해야 합니다.

past
[패스트]

adj. 지난, 지나간, 이전의   n. 과거, 지난날
Kim has lived in London for the past **six months.**
김은 지난 6개월 동안 런던에 살았다.

remind
[리**마**인드]

v. 상기시키다, 생각나게 하다
This picture reminds **me of my hometown.**
이 사진은 나의 고향을 생각나게 한다.

mystery
[**미**스터리]

n. 신비, 불가사의, 수수께끼, 신비로운 것(사람)
It is a mystery **why he suddenly disappeared.**
그가 갑자기 사라진 이유는 아무도 모른다.

Exercise

1 – 5. 단어와 뜻을 서로 연결하세요.

1. past	a) 현실
2. reality	b) 신비
3. instead	c) 원본
4. original	d) 과거
5. mystery	e) 대신에

6 – 10. 그림에 해당하는 단어를 찾아 문장을 완성하세요.

6. The boy has a _____ mark on his skin.

   a) burn   b) fog

7. The man is trying to open the _____.

   a) fact   b) safe

8. The man has an _____ in his shoulder.

   a) arch   b) ache

9. The farmer looks happy with his _____.

   a) harvest   b) honesty

10. The weather _____ says it is going to be hot and sunny.

   a) forecast   b) pretest

11 – 15. 주어진 문장의 빈칸에 가장 적절한 단어를 고르세요.

a) wise b) cost c) anxious d) remind e) education

11. We must help him at any _____.

12. The tree _____s me of my childhood.

13. Early _____ for children begins at home.

14. Not everyone becomes _____(e)r as they grow older.

15. She is _____ to know the result of the medical checkup.

16 – 20. 녹음을 잘 듣고 문장을 따라 쓴 후, 문장과 일치하는 그림을 찾아 그 기호를 쓰세요.

16. _____ (   )

17. _____ (   )

18. _____ (   )

19. _____ (   )

20. _____ (   )

Listening Points

16. trim / branches
17. protect / from a dog
18. medical checkup
19. driving license
20. strong enough / lift

A

B

C

D

E

Day 22

☐ slide
☐ laugh
☐ fasten
☐ cloudy
☐ hunter

1. (   )

2. (   )

3. (   )

4. (   )

5. (   )

Today's Task

★ **How many words do you know?**
(오늘 학습할 단어입니다. 알고 있는 단어에 √로 표시하세요.)

☐ activity
☐ bright
☐ cloudy
☐ storm
☐ duty
☐ wealth
☐ fasten

☐ parade
☐ harmony
☐ taste
☐ laugh
☐ hunter
☐ mouse
☐ nearby

☐ science
☐ earth
☐ universe
☐ ready
☐ slide
☐ usually

activity
[액**티**비티]

n. 움직임, 활동, 활기
Swimming is my favorite spare time activity.
수영은 내가 즐겨하는 여가 활동이다.

bright
[브**라**이트]

adj. 밝은, 빛나는, 영리한
Everyone likes James because he is bright and kind.
제임스는 영리하고 친절해서 모두가 그를 좋아한다.

cloudy
[클**라**우디]

adj. 구름이 낀, 날씨가 흐린
It will be windy and cloudy all day tomorrow.
내일은 하루 종일 바람이 불고 흐릴 것입니다.

storm
[스톰:]

n. 폭풍, 폭풍우
The storm caused lots of damage to the village.
폭우는 그 마을에 많은 피해를 입혔다.

storm

duty
[**듀**:티]

n. 책임, 의무, 세금
Mike is off duty today.
마이크는 오늘 비번이다

★ on duty 당번인, 근무 중인   off duty 비번인, 근무 중이 아닌   duty free 면세의

wealth
[웰쓰]

n. 재산, 부, 부유함, 풍부한 양
Good health is above wealth.
건강은 재산보다 중요하다. (속담)

wealth

fasten
[패슨]

v. 고정시키다, 매다, 잠그다
Fasten your seat belt, please.
안전벨트를 착용해주세요.

parade
[퍼레이드]

n. 행렬
The brass band is leading the parade.
취주악대가 행렬을 이끌고 있다.

parade

harmony
[하:모니]

n. 조화, 화합
It is not easy to be in harmony with nature.
자연과 조화를 이루며 살기는 쉽지 않다.

taste
[테이스트]

n. 맛, 미각, 취미   v. 맛이 나다
This candy tastes sweet and sour.
이 사탕은 달면서 시다.

laugh
[래프]

n. 웃음, 웃음소리   v. (소리 내어) 웃다
He joked, but no one laughed.
그는 농담했다, 하지만 아무도 웃지 않았다.

hunter
[헌터]

n. 사냥꾼
The hunter shot the deer with his rifle.
사냥꾼은 총으로 사슴을 쏘았다.

mouse
[마우스]

n. (pl. mice) 쥐, 생쥐; 컴퓨터 마우스
I set a mousetrap to catch a mouse in the house.
나는 집안에 있는 쥐를 잡기 위해 쥐덫을 놓았다.

mouse

nearby
[니어바이]

adj. / adv. 인근의, 인근에, 가까운 곳에
Is there a convenience store nearby?
근처에 편의점이 있나요?
★ convenience store 편의점

science
[**사**이언스]

n. 과학, 자연과학
Science is based on fact.
과학은 사실에 근거한다.

earth
[얼:쓰]

n. 지구, 세상, 땅, 지면
Ancient people believed the earth was flat.
고대인들은 지구가 평평하다고 믿었다.
What on earth are you doing?
도대체 뭐하는 거야?
★ on earth 도대체, 세상에

earth

universe
[**유**:니**버**:스]

n. 우주, 은하계
The earth we live in is only a tiny part of the universe.
우리가 사는 지구는 우주의 극히 작은 일부분에 불과하다.

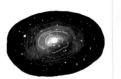
universe

ready
[레디]

adj. 준비된, 완성된
The meal is ready.
식사 준비가 다 되었어요.
I am ready to start now.
나는 지금 출발할 준비가 되었다.

slide
[슬라이드]

n. 미끄러짐, 하락   v. 미끄러지다, 미끄러지듯이 움직이다
Kids are sliding down a steep hill.
아이들이 가파른 언덕에서 미끄럼을 타고 있다.

usually
[**유**:주얼리]

adv. 보통, 대개
I usually get up at six in the morning.
나는 보통 아침 6시에 일어난다.

Day 21
Day 22
Day 23
Day 24
Day 25
Day 26
Day 27
Day 28
Day 29
Day 30

Exercise

1 – 5. 단어와 뜻을 서로 연결하세요.

1. parade	a) 우주
2. earth	b) 행렬
3. universe	c) 지구
4. ready	d) 대개
5. usually	e) 준비된

6 – 10. 그림에 해당하는 단어를 찾아 문장을 완성하세요.

6. The weather is partly _____.

a) cloudy   b) sunny

7. The man is _____ out loud.

a) laughing   b) crying

8. The pupils are in a _____ class.

a) cooking   b) science

9. The cook is _____ his soup.

a) serving   b) tasting

10. The sun is shining _____ in the sky.

a) bright   b) blind

11 – 15. 주어진 문장의 빈칸에 가장 적절한 단어를 고르세요.

a) activity   b) duty   c) harmony   d) nearby   e) wealth

11. Who is on _____ today?

12. It is convenient to have a bank _____.

13. What _____ do you do in your free time?

14. We need to live in _____ with nature.

15. Happiness and _____ do not always go together.

16 – 20. 녹음을 잘 듣고 문장을 따라 쓴 후, 문장과 일치하는 그림을 찾아 그 기호를 쓰세요.

16. _____ (   )

17. _____ (   )

18. _____ (   )

19. _____ (   )

20. _____ (   )

Listening Points

16. walk in the storm
17. hunter / aim at
18. fasten the seatbelt
19. slid down / sleigh
20. a slice of cheese / mousetrap

A

B

C

D

E

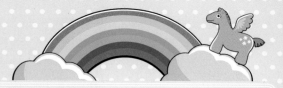

Day 23

Preview Test ★ **Match words to pictures.**
(그림에 맞는 단어를 목록에서 찾아 쓰세요.)

☐ aim
☐ wall
☐ flow
☐ temple
☐ cooperate

1. ( )

2. ( )

3. ( )

4. ( )

5. ( )

Today's Task ★ **How many words do you know?**
(오늘 학습할 단어입니다. 알고 있는 단어에 √로 표시하세요.)

☐ aim
☐ battle
☐ destroy
☐ history
☐ blank
☐ design
☐ company

☐ cooperate
☐ reduce
☐ flow
☐ temple
☐ sufficient
☐ speech
☐ update

☐ mud
☐ wall
☐ palace
☐ propose
☐ secret
☐ inform

Day 23 Vocabulary

Day 21
Day 22
Day 23
Day 24
Day 25
Day 26
Day 27
Day 28
Day 29
Day 30

aim
[에임]

n. 목적, 목표, 조준   v. 목표하다, 겨누다
His aim in life is to become a famous scientist.
그의 인생의 목표는 유명한 과학자가 되는 것이다.

battle
[배틀]

n. 투쟁, 전투, 싸움   v. 싸우다, 투쟁하다
Many soldiers died at the battle.
그 전투에서 많은 군인들이 사망했다.

battle

destroy
[디스트로이]

v. 부수다, 파괴하다
The earthquake destroyed the whole village. 지진이 마을 전체를 파괴했다.

history
[히스토리]

n. 역사
Rohan is interested in medieval history. 로한은 중세 역사에 관심이 있다.
★ medieval 중세의

blank
[블랭크]

adj. 빈, 빈칸의   n. 공백, 여백
You have to fill all the blanks with suitable words.
빈칸을 적절한 단어로 채워야 합니다.

design
[디자인]

n. 계획, 설계   v. 디자인하다, 도안하다
Jessy wants to study interior design at an art school.
제시는 미술학교에서 실내장식을 공부하기를 원한다.

design

company
[컴퍼니]

n. 회사, 단체; 친구, 함께 있는 사람, 손님
My father is working at a motor company. 아버지는 자동차 회사에서 근무하신다.

Day 23 Vocabulary

cooperate [코**아**:퍼뤠이트]	v. 협력하다, 협조하다, 협동하다 **You have to cooperate with me on this project.** 당신은 이 프로젝트를 나와 협력해야 합니다.
reduce [리**듀**:스]	v. 줄다, 줄이다, 축소하다, (가격을) 낮추다 **This food helps you reduce weight.** 이 음식은 당신의 체중을 줄이는데 도움을 준다.  reduce
flow [플로우]	n. 흐름, 이동 v. 흐르다, 진행되다, 넘쳐흐르다 **The Mississippi River flows into the Gulf of Mexico.** 미시시피 강은 멕시코 만으로 흐른다. ★ cash flow 현금 유동성
temple [**템**플]	n. 절, 사원, 신전 **India is famous for its old temples.** 인디아는 오래된 사원으로 유명하다.
sufficient [써**피**션트]	adj. 충분한 **There is sufficient food for everyone.** 모든 이에게 충분한 음식이 있다.
speech [스피:취]	n. 말, 연설, 담화 **John's speech moved his audience.** 존의 연설은 청중을 감동시켰다.  speech
update [업**데**이트]	n. 최신 정보 v. 갱신하다, 새롭게 하다 **Please keep me updated.** 변동 상황을 계속해서 알려주세요.

mud
[머드]

n. 진흙, 진창
A truck got stuck in the mud.
트럭 한 대가 진창에 빠졌다.

mud

wall
[월:]

n. 담, 벽, 장벽   v. 담으로 에워싸다
I want to paint the wall brown.
나는 벽을 갈색으로 칠하고 싶다.

palace
[**팰**리스]

n. 궁전, 대저택
The palace was built three hundred years ago.
저 궁전은 300년 전에 지어졌다.

propose
[프러**포**우즈]

v. 제안하다, 제의하다, 청혼하다
Tom proposed that we should start at once.
톰은 우리에게 즉시 출발할 것을 제안했다.
Mike proposed to Julie.
마이크는 줄리에게 청혼을 했다.

propose

secret
[**씨**크릿ㅌ]

adj. 비밀의, 남몰래 하는   n. 비밀, 기밀
The big secret in life is there is no secret.
인생의 가장 큰 비밀은 비밀이 없다는 것이다. (격언)

inform
[인**포**:옴]

v. 알리다, 통지하다
We have to inform Mary of our new plan.
우리는 메리에게 우리의 새로운 계획을 알려주어야 한다.

Day 21
Day 22
Day 23
Day 24
Day 25
Day 26
Day 27
Day 28
Day 29
Day 30

Exercise

1 – 5. 단어와 뜻을 서로 연결하세요.

1. secret	a) 역사
2. history	b) 사원
3. temple	c) 비밀
4. update	d) 회사
5. company	e) 갱신하다

6 – 10. 그림에 해당하는 단어를 찾아 문장을 완성하세요.

6. The boy is stuck in the _____.

   a) mud   b) mug

7. The man is leaning against the _____.

   a) wall   b) well

8. The man is _____ his gun at the target.

   a) arming   b) aiming

9. The boy is holding a _____ piece of paper.

   a) blank   b) blind

10. The old _____ stands on a hill.

   a) terrace   b) palace

11 – 15. 주어진 문장의 빈칸에 가장 적절한 단어를 고르세요.

a) flow　b) inform　c) propose　d) reduce　e) sufficient

11. The river _____s under the bridge.

12. We have _____ funds for the project.

13. Please keep me _____(e)d of any changes.

14. There are several ways to _____ living expenses.

15. The chairman _____(e)d a new plan at the meeting.

16 – 20. 녹음을 잘 듣고 문장을 따라 쓴 후, 문장과 일치하는 그림을 찾아 그 기호를 쓰세요.

16. _____ (　　)

17. _____ (　　)

18. _____ (　　)

19. _____ (　　)

20. _____ (　　)

Listening Points

16. design a dress
17. take part in the battle
18. give a speech / audience
19. destroy / computer
20. cooperate / jigsaw puzzle

A

B

C

D

E

Day 24

Preview Test

★ **Match words to pictures.**
(그림에 맞는 단어를 목록에서 찾아 쓰세요.)

☐ ivy
☐ nest
☐ puzzle
☐ anchor
☐ treasure

1. ( )

2. ( )

3. ( )

4. ( )

5. ( )

Today's Task

★ **How many words do you know?**
(오늘 학습할 단어입니다. 알고 있는 단어에 √로 표시하세요.)

☐ adventure
☐ expect
☐ hobby
☐ instrument
☐ ivy
☐ logical
☐ math

☐ anchor
☐ below
☐ solar
☐ business
☐ support
☐ research
☐ suggest

☐ nest
☐ puzzle
☐ touch
☐ treasure
☐ warn
☐ pollution

Day 24 Vocabulary

adventure
[어드**벤**춰]

n. 모험, 모험심
My uncle told me about his adventure stories.
아저씨는 내게 자신의 모험담을 이야기해주었다.

adventure

---

expect
[익스**펙**트]

v. 기대하다, 예상하다
We expected a better result.
우리는 더 나은 결과를 예상했다.

---

hobby
[**하**:비]

n. 취미
My hobby is collecting old coins.
내 취미는 옛날 동전을 모으는 것이다.

---

instrument
[**인**스트루먼트]

n. 기구, 도구, 계기, 매개체
What musical instrument would you like to play? 어떤 악기를 연주하고 싶습니까?
★ musical instrument 악기

---

ivy
[**아**이비]

n. 담쟁이덩굴
The ivy sticks to walls effortlessly.
담쟁이덩굴은 쉽게 벽에 달라붙는다.

---

logical
[**로**:지컬]

adj. 논리적인, 사리에 맞는, 타당한
It is logical to assume that she won't change her mind.
그녀가 생각을 바꾸지 않을 것이라고 간주하는 것이 타당하다.
★ assume 추정하다, 간주하다

---

math
[매쓰]

n. 수학 = mathematics
Matilda is good at math.
마틸다는 수학을 잘한다.
Geometry is a branch of mathematics.
기하학은 수학의 한 분야이다.

math

Day 21
Day 22
Day 23
Day 24
Day 25
Day 26
Day 27
Day 28
Day 29
Day 30

Day 24 Vocabulary

anchor [앵커]	n. 닻 v. 닻을 내리다, 정박하다 **We have to drop the anchor now.** 우리는 닻을 지금 내려야 한다.
below [빌로우]	prep. 아래에, 밑에 **The temperature was 2 degrees below zero in the morning.** 아침 기온은 영하 2 도였다.
solar [쏠라]	adj. 태양의, 태양열을 이용한 **The lamp is powered by solar energy.** 저 전등은 태양 에너지에 의해 가동된다.  solar
business [비즈니쓰]	n. 사업, 일, 장사 **He is currently on a business trip to Europe.** 그는 현재 유럽으로 출장 중이다.
support [써폴:트]	n. 지지, 지원 v. 지지하다, 지원하다, 원조하다 **He has no child to support.** 그는 양육해야 할 아이가 없다.
research [리:썰취, 리썰:취]	n. 연구, 조사 v. 연구하다, 조사하다 **We need to do some research on the current market price.** 우리는 현재 시장가격에 대한 조사가 필요합니다. research
suggest [써제스트]	v. 제안하다, 제의하다, 권하다 **I suggest you change the plan.** 나는 당신이 계획을 바꿀 것을 제안합니다.

nest [네스트]	n. 둥지, 집, 보금자리 v. 둥지를 틀다 **I found a bird's nest in my backyard.** 나는 뒤뜰에 새 둥지를 발견했다.
puzzle [퍼즐]	n. 퍼즐, 수수께끼 v. 이해할 수 없게 하다, 어리둥절하게 만들다 **Kids are playing with a puzzle.** 아이들이 퍼즐 게임을 하고 있다.
touch [터취]	n. 손길, 만지기, 촉각 v. 닿다, 접촉하다, 스치다 **Don't touch the frying pan. It is still hot.** 프라이팬에 손대지 마. 아직 뜨거워. **We will keep in touch with each other.** 우리는 서로 연락을 할 것이다.
treasure [트레져]	n. 보물, 소중한 물건 **They are looking for hidden treasures on the island.** 그들은 섬에 숨겨진 보물을 찾고 있다.
warn [원:]	v. 경고하다, 주의를 주다 **If you ignore my warning, you will be in trouble.** 만약 나의 경고를 무시한다면, 당신은 곤경에 처할 것이다.
pollution [폴루:션]	n. 공해, 오염, 오염 물질 **The air pollution is getting worse and worse recently.** 최근에 대기 오염이 점점 더 나빠지고 있다.

touch

pollution

Day 21
Day 22
Day 23
Day 24
Day 25
Day 26
Day 27
Day 28
Day 29
Day 30

Exercise

1 – 5. 단어와 뜻을 서로 연결하세요.

1. below	a) 취미
2. hobby	b) 모험
3. logical	c) 사업
4. adventure	d) 아래
5. business	e) 논리적인

6 – 10. 그림에 해당하는 단어를 찾아 문장을 완성하세요.

6. Birds are sitting on the _____.

    a) next   b) nest

7. The man is casting an _____.

    a) anchor   b) arrow

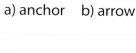

8. The man is cutting _____ from a tree.

    a) ivy   b) ice

9. _____ is a big issue in the city.

    a) population   b) pollution

10. The man is digging up the _____.

    a) temple   b) treasure

11 – 15. 주어진 문장의 빈칸에 가장 적절한 단어를 고르세요.

a) warn b) expect c) research d) suggest e) support

11. I _____ we accept the offer.

12. Margaret didn't _____ Josh to help her.

13. Thomas is working hard to _____ his family.

14. Tara _____ed his son to stay away from the fire.

15. Due to lack of funds, the scientist could not continue his _____.

16 – 20. 녹음을 잘 듣고 문장을 따라 쓴 후, 문장과 일치하는 그림을 찾아 그 기호를 쓰세요.

16. _____ (   )

17. _____ (   )

18. _____ (   )

19. _____ (   )

20. _____ (   )

Listening Points

16. attend a math class
17. repair / musical instrument
18. touch / forehead
19. install / solar panels
20. put together / puzzle

A

B

C

D

E

Preview Test

★ **Match words to pictures.**
(그림에 맞는 단어를 목록에서 찾아 쓰세요.)

☐ dig
☐ hut
☐ tomb
☐ bloom
☐ engineer

1. (   )

2. (   )

3. (   )

4. (   )

5. (   )

Today's Task

★ **How many words do you know?**
(오늘 학습할 단어입니다. 알고 있는 단어에 √로 표시하세요.)

☐ aisle
☐ behind
☐ bloom
☐ confident
☐ delight
☐ dig
☐ engineer

☐ flood
☐ native
☐ hut
☐ judge
☐ system
☐ medicine
☐ physical

☐ wisdom
☐ surround
☐ package
☐ reflect
☐ tradition
☐ tomb

aisle [아일]	n. 통로, 긴 통로 **Would you like a window seat or an** aisle **seat?** 창 쪽 좌석을 원하세요, 또는 통로 쪽 좌석을 원하세요? **I want an** aisle **seat.** 나는 통로 쪽 좌석을 원합니다.  aisle
behind [비**하**인드]	prep. 뒤에, 늦어, 배후에 **The plane arrived an hour** behind **schedule.** 비행기가 예정보다 한 시간 늦게 도착했습니다.
bloom [블루·움]	n. 꽃 v. 꽃을 피우다, 꽃이 피다 **The roses in the garden are in full** bloom **now.** 정원에 있는 장미들이 활짝 피었다.
confident [컨:피던트]	adj. 자신 있는, 확신하는 **I am** confident **that what he said is true.** 나는 그가 한 말이 사실이라고 확신한다.
delight [딜**라**이트]	n. 기쁨, 즐거움 v. 즐겁게 하다, 기쁨을 주다 **I am** delighted **to meet you again.** 당신을 다시 만나게 되어 기쁩니다.
dig [딕]	v. (땅을) 파다, 파내다, 캐다 **We need heavy equipment to** dig **a tunnel.** 우리는 터널을 파기 위해서는 중장비가 필요하다.
engineer [**엔**지**니**어]	n. 기사, 기술자, 엔지니어 **My uncle is working as an electrical** engineer**.** 우리 삼촌은 전기 기술자로 일한다.

Day 25 Vocabulary

flood [플러드]	n. 홍수, 폭주 v. 물에 잠기다, 침수되다 **The river flooded nearly half of the town.** 강이 넘쳐 마을의 거의 절반이 물에 잠겼다.
native [네이티브]	adj. 원주민의, 원산의, 타고난 n. 토착민, 원주민, 토종 **French is Aimee's native language.** 프랑스어는 에이미의 모국어이다.
hut [헛]	n. 오두막집, 막사 **There used to be a log hut in the valley.** 예전엔 그 골짜기에는 통나무 집이 한 채 있었다.
judge [져지]	n. 판사, 심판, 심사위원 v. 여기다, 판단하다 **Don't judge a book by its cover.** 겉만 보고 판단해서는 안된다. (속담) judge
system [씨스템]	n. 조직, 체계, 제도 **Mercury is the smallest planet in our solar system.** 수성은 우리 태양계에서 가장 작은 혹성이다.
medicine [메디슨]	n. 약, 의학, 의술, 의료 **This medicine may have a few side effects.** 이 약은 몇 가지 부작용이 있을 수 있다. medicine
physical [피지컬]	adj. 신체의, 육체의, 물질의 n. 신체검사, 건강진단 **This job requires intense physical activity.** 이 일은 격렬한 신체적 활동을 필요로 한다.

wisdom
[위즈덤]

n. 지혜, 현명함

Wisdom is knowledge through experience, not age.

지혜는 나이가 아니라 경험을 통해서 얻는 지식이다. (속담)

★ wisdom teeth 사랑니

surround
[써**라**운드]

v. 둘러싸다, 에워싸다, 포위하다

A SWAT team surrounded the building.

기동 타격대가 건물을 에워쌌다.

★ SWAT (Special Weapons and Tactics team) 기동 타격대, 경찰 특수 기동대

package
[**패**키쥐]

n. 상자, 꾸러미, 일괄 프로그램　　v. 포장하다

I want to send this package to Spain.

나는 이 상자를 스페인으로 보내려고 합니다.

reflect
[리플**렉**트]

v. 비추다, 반사하다, 반영하다; 깊이 생각하다

The lake reflects the surrounding mountains.

주변 산들이 호수에 비친다.

reflect

tradition
[트레**디**션]

n. 전통

Carving a face on the pumpkin became a Halloween tradition.

호박에 얼굴을 조각하는 것은 할로윈 전통이 되었다.

tomb
[투·움]

n. 묘, 무덤

What is learned in the cradle is carried to the tomb.

세 살 버릇 여든까지 간다. (속담)

★ cradle 요람, 아기 침대

Exercise

1 – 5. 단어와 뜻을 서로 연결하세요.

1. hut	a) 지혜
2. tomb	b) 전통
3. system	c) 무덤
4. wisdom	d) 제도
5. tradition	e) 오두막

6 – 10. 그림에 해당하는 단어를 찾아 문장을 완성하세요.

6. The man is standing _____ the camera.

   a) in front of   b) behind

7. The mirror _____s the woman's face.

   a) reflect   b) rewind

8. The _____ American is riding a horse.

   a) native   b) nature

9. The _____ is going to make a decision.

   a) umpire   b) judge

   * umpire 운동 경기의 심판

10. The doctor is giving _____ to his patient.

   a) medicine   b) medical

Day 21
Day 22
Day 23
Day 24
Day 25
Day 26
Day 27
Day 28
Day 29
Day 30

11 – 15. 주어진 문장의 빈칸에 가장 적절한 단어를 고르세요.

a) aisle   b) bloom   c) delight   d) confident   e) physical

11. I am _____ed to hear the news.

12. Some flowers come into _____ in Autumn.

13. Large cardboard boxes are blocking the _____.

14. You need regular _____ exercise to keep fit.

15. I am _____ that Josh will keep his promise.

16 – 20. 녹음을 잘 듣고 문장을 따라 쓴 후, 문장과 일치하는 그림을 찾아 그 기호를 쓰세요.

16. _____ (   )

17. _____ (   )

18. _____ (   )

19. _____ (   )

20. _____ (   )

Listening Points

16. deliver packages
17. flood / submerge
18. surround / magician
19. dig the ground / plant
20. engineer / maintenance

A

B

C

D

E

Day 26

★ **Match words to pictures.**
(그림에 맞는 단어를 목록에서 찾아 쓰세요.)

- ☐ dish
- ☐ bone
- ☐ shell
- ☐ float
- ☐ shrug

1. (   )

2. (   )

3. (   )

4. (   )

5. (   )

Today's Task

★ **How many words do you know?**
(오늘 학습할 단어입니다. 알고 있는 단어에 √로 표시하세요.)

☐ appetite	☐ dish	☐ level
☐ beef	☐ edge	☐ resource
☐ promise	☐ effect	☐ occasion
☐ astonish	☐ main	☐ owe
☐ conclude	☐ shrug	☐ helpless
☐ charge	☐ float	☐ worldwide
☐ bone	☐ shell	

appetite
[애퍼타이트]

n. 식욕, 관심, 성향
Light exercise improves your appetite.
가벼운 운동은 식욕을 돋우어 준다.

beef
[비:프]

n. 쇠고기   v. 강화하다
The store sells beef and dairy.
저 상점에서는 쇠고기와 유제품을 판다.

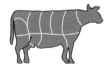
beef

promise
[프라:미스]

n. 약속, 계약   v. 약속하다
You have to keep your promise.
약속은 지켜야 한다.

astonish
[어스타:니쉬]

v. 놀라게 하다
We were all astonished at the news of his accident.
우리는 모두 그의 사고 소식을 듣고 놀랐다.

conclude
[컨클루:드]

v. 결론을 내리다, (계약을) 체결하다
They concluded that he is guilty.
그들은 그가 유죄라고 결론을 내렸다.

charge
[차:쥐]

n. 요금, 책임, 기소   v. 청구하다, 맡기다
How much do you charge for a single room?
1인실 가격은 얼마입니까?
Tom is in charge of the project.
그 프로젝트의 책임자는 톰이다.

bone
[본]

n. 뼈, 골격, 유골
I think I have a tiny fish bone stuck in my throat.
작은 생선가시가 목에 걸린 것 같아.

Day 26 Vocabulary

dish
[디쉬]

n. 접시, 식기, 요리
She is doing the dishes.
그녀는 설거지를 하고 있다.

edge
[엣쥐]

n. 끝, 가장자리, 경계, 모서리
A man is standing on the edge of the cliff.
한 남자가 벼랑 끝에 서있다.

edge

effect
[이**펙**트]

n. 결과, 영향, 효과   v. (결과를) 가져오다, (목적을) 달성하다
This medicine has a few side effects.
이 약은 몇 가지 부작용이 있다.

main
[메인]

adj. 주된, 주요한, 중심적인
Wine is Spain's main product.
와인은 스페인의 주요 생산물이다.

shrug
[쉬럭]

v. (shrugged, shrugged) 어깨를 으쓱하다
George and I looked at each other and shrugged.
조지와 나는 서로를 바라보며 어깨를 으쓱했다.

float
[플로우트]

n. (부표나 찌 등) 물에 뜨는 것
v. (물 위 또는 공중에서) 떠다니다, 떠오르다
I saw fallen leaves floating on the water.
나는 낙엽이 물 위에 떠 있는 것을 보았다.

float

shell
[쉘]

n. 껍질, 조개, 고둥 껍데기, 포탄   v. 포격하다, 폭격하다; 껍질을 까다
A girl is picking up shells on the beach.
한 소녀가 바닷가에서 조개 껍질을 줍고 있다.

level
[레벌]

n. 정도, 수준, 단계, 높이   v. 평평하게 하다, 동등하게 만들다

adj. 평평한, 대등한

We are on the same level.

우리는 같은 수준이다. / 우리는 같은 처지이다.

resource
[리:소:스]

n. 자원, 재원, 자산   v. 자원을 제공하다

Brazil is rich in natural resources.

브라질은 천연 자원이 풍부하다.

The Internet is a valuable resource for information.

인터넷은 정보를 얻기 위한 소중한 자원이다.

resource

occasion
[오케이젼]

n. 때, 기회, 경우, 특별한 행사

I have saved this bottle of wine for a special occasion.

나는 특별한 경우에 대비해서 이 와인을 보관해왔다.

owe
[오우]

v. 신세지다, 빚지다, 의무가 있다

I owe you nothing.

나는 당신에게 진 빚이 없다.

helpless
[헬프리스]

adj. 무력한, 속수무책인, 스스로 돌볼 수 없는, 난처한

The injured soldier lay helpless on the floor.

부상병은 무력하게 마루에 누워있었다.

worldwide
[월드와이드]

adj. 세계적인   adv. 세계적으로, 세계 곳곳에

There are about 3 billion smartphone users worldwide today.

세계적으로 약 30억 명이 스마트폰을 사용한다.

Day 21
Day 22
Day 23
Day 24
Day 25
Day 26
Day 27
Day 28
Day 29
Day 30

Exercise

1 – 5. 단어와 뜻을 서로 연결하세요.

1. owe	a) 대등한
2. level	b) 끝내다
3. charge	c) 빚지다
4. promise	d) 부과하다
5. conclude	e) 약속하다

6 – 10. 그림에 해당하는 단어를 찾아 문장을 완성하세요.

6. The dog is biting a _____.

   a) ball   b) bone

7. The boy is eating a _____ steak.

   a) beef   b) chicken

8. The man _____ his shoulder.

   a) shoots   b) shrugs

9. The boy has a huge _____.

   a) applaud   b) appetite

10. The boy is washing the _____.

   a) dishes   b) dinners

11 – 15. 주어진 문장의 빈칸에 가장 적절한 단어를 고르세요.

a) effect b) helpless c) main d) resources e) worldwide

11. He became famous _____ as a writer.

12. We are _____ in the face of natural forces.

13. The price increase will go into _____ next month.

14. The _____ office of John's company is in Washington D.C.

15. I think the program is a waste of time, money, and _____.

16 – 20. 녹음을 잘 듣고 문장을 따라 쓴 후, 문장과 일치하는 그림을 찾아 그 기호를 쓰세요.

16. _____ (   )

17. _____ (   )

18. _____ (   )

19. _____ (   )

20. _____ (   )

Listening Points

16. collect shells
17. float on the surface of
18. sit on the edge of
19. astonished at the news
20. dress / formal occasion

A

B

C

D

E

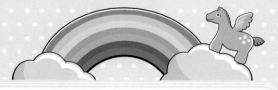

Day 27

Preview Test

★ **Match words to pictures.**
(그림에 맞는 단어를 목록에서 찾아 쓰세요.)

☐ heart
☐ rude
☐ feather
☐ respect
☐ kingdom

1. (   )

2. (   )

3. (   )

4. (   )

5. (   )

Today's Task

★ **How many words do you know?**
(오늘 학습할 단어입니다. 알고 있는 단어에 √로 표시하세요.)

☐ heart
☐ normal
☐ common
☐ favor
☐ trouble
☐ plenty
☐ greedy

☐ feather
☐ kingdom
☐ population
☐ possible
☐ respect
☐ relate
☐ steady

☐ source
☐ suppose
☐ event
☐ rude
☐ typical
☐ trust

Day 27 Vocabulary

heart [하:트]	n. 심장, 가슴, 마음, 중심 **I learned the poem by heart.** 나는 그 시를 암기했다.
normal [노:멀]	adj. 보통의, 일반적인, 정상적인, 평범한 **Your temperature is normal.** 당신의 체온은 정상입니다.
common [커:먼]	adj. 공통의, 흔히 일어나는, 보통의 **Jill and Mike have something in common.** 질과 마이크는 뭔가 공통점이 있다.
favor [페이버]	n. 호의, 친절, 친절한 행위 v. 찬성하다, 선호하다, 호의를 보이다 **May I ask you a favor?** 부탁 한 가지 해도 될까요?  favor
trouble [트러블]	n. 문제, 곤란, 어려움 v. 괴롭히다, 난처하게 하다 **Keep away from him, or you will be in big trouble.** 그를 멀리해, 그렇지 않으면 너는 곤경에 처하게 될 거야.
plenty [플렌티]	n. 풍요, 풍부 adj. 많은, 풍부한, 충분한 **You don't have to hurry. We've got plenty of time.** 서두를 필요는 없어요. 우리에게 시간은 충분하니까.
greedy [그리:디]	adj. 욕심 많은, 탐욕스러운, … 을 갈망하는 **A greedy man is never satisfied with what he has.** 탐욕스러운 사람은 자신이 가진 것에 만족하는 법이 없다.  greedy

Day 27 Vocabulary

feather [페더]	n. (새의) 깃털, 가벼운 것 **Birds of a feather flock together.** 끼리끼리 모인다 (유유상종). (속담) **feather**
kingdom [킹덤]	n. 왕국, 왕조, 세계 **The king needed a strong army to protect his kingdom.** 왕은 자신의 왕국을 지키기 위해 강력한 군대가 필요했다.
population [파:퓰레이션]	n. 인구, 주민, 집단 **Canada has an estimated population of 38 million.** 캐나다의 인구는 약 3천 8백만명으로 추정된다.
possible [파:써블]	adj. 가능한, 할 수 있는, 있을 수 있는 **Would it be possible to put off the meeting for a week?** 회의를 일주일 연기하는 것이 가능할까요?
respect [리스펙트]	n. 존경, 경의 v. 존경하다, 존중하다, 준수하다 **I respect your opinion.** 나는 당신의 의견을 존중합니다. **You should respect other people's privacy.** 타인의 사생활을 존중해야 한다. **respect**
relate [릴레이트]	v. 관련시키다, 연관되다 **What he said does not relate to the fact.** 그가 했던 말은 사실에 부합하지 않는다.

steady
[스테디]

adj. 지속적인, 꾸준한, 안정된, 고정된
He has never had a steady job.
그는 안정된 직업을 가진 적이 없다.

source
[소:스]

n. 출처, 원천, 자료, 소식통   v. 얻다, 공급자를 찾다
We got the information from a reliable source.
우리는 믿을 만한 소식통으로부터 그 정보를 얻었다.

suppose
[서포우즈]

v. 생각하다, 추정하다, 가정하다
I suppose it was worth waiting.
내 생각엔 기다린 보람이 있었다.

event
[이벤트]

n. 일, 사건, 행사, 경기
A big charity event will be held in the park next Saturday.
다음 주 토요일 대규모 자선 행사가 공원에서 열립니다.

rude
[루:드]

adj. 버릇없는, 무례한; 거친
I apologize to you for being rude.
내가 무례한 것에 대해 사과드립니다.
A polite denial is better than a rude grant.
공손한 거절이 무례한 승낙보다 낫다. (속담)

rude

typical
[티피컬]

adj. 전형적인, 대표적인, 일반적인
John appears to be a typical English man. 존은 전형적인 영국 남자로 보인다.

trust
[트러스트]

n. 신용, 신뢰, 믿음   v. 믿다, 신뢰하다, 맡기다
I am not sure if I can trust him.
나는 그를 믿을 수 있을지 확신이 없다.

Day 21
Day 22
Day 23
Day 24
Day 25
Day 26
Day 27
Day 28
Day 29
Day 30

Exercise

1 – 5. 단어와 뜻을 서로 연결하세요.

1. favor	a) 왕국
2. typical	b) 호의
3. possible	c) 가능한
4. suppose	d) 전형적인
5. kingdom	e) 가정하다

6 – 10. 그림에 해당하는 단어를 찾아 문장을 완성하세요.

	6. A _____ is used to decorate the hat. a) feather b) flower
	7. The boy's behavior is _____. a) polite b) rude
	8. The man has _____ in opening the door. a) travel b) trouble
	9. They do not _____ each other. a) hate b) trust
	10. The graph shows a _____ increase. a) steady b) rapid

11 – 15. 주어진 문장의 빈칸에 가장 적절한 단어를 고르세요.

a) related   b) normal   c) common   d) population   e) source

11. It is a _____ mistake everyone can make.

12. His work is _____ to computer programming.

13. I think things will get back to _____ sooner or later.

14. Milk is a good _____ of calcium, protein, and vitamin.

15. The _____ of the city keeps growing in recent years.

16 – 20. 녹음을 잘 듣고 문장을 따라 쓴 후, 문장과 일치하는 그림을 찾아 그 기호를 쓰세요.

16. _____ (   )

17. _____ (   )

18. _____ (   )

19. _____ (   )

20. _____ (   )

Listening Points
16. have a heart attack
17. plenty of candies
18. too greedy to share
19. athletic event / held
20. show respect

A

B

C

D

E

Day 28

★ **Match words to pictures.**
(그림에 맞는 단어를 목록에서 찾아 쓰세요.)

- ☐ deal
- ☐ beat
- ☐ route
- ☐ borrow
- ☐ struggle

1. ( )

2. ( )

3. ( )

4. ( )

5. ( )

Today's Task

★ **How many words do you know?**
(오늘 학습할 단어입니다. 알고 있는 단어에 √로 표시하세요.)

☐ affair	☐ deal	☐ manner
☐ beat	☐ enable	☐ object
☐ error	☐ fair	☐ private
☐ borrow	☐ peace	☐ route
☐ debt	☐ figure	☐ struggle
☐ tax	☐ found	☐ whole
☐ declare	☐ select	

affair
[어페어]

n. 사건, 일, 문제
He is not concerned with the affair.
그는 그 사건과 관계가 없다.

beat
[비:트]

v. (beat, beaten) 이기다, 때리다, 물리치다
n. 고동, 맥박
At the final game, France beat Croatia.
결승전에서 프랑스는 크로아티아를 이겼다.

error
[에러]

n. 잘못, 실수, 과실
Your writing is quite good except for a few spelling errors.
너의 작문은 몇 군데 철자 오류를 제외한다면 매우 우수하다.

error

borrow
[**바**:로우]

v. 빌리다, 차용하다, 빚지다
You can borrow up to three books at one time.
한 번에 세 권까지 책을 빌릴 수 있습니다.
★ lend 빌려주다

debt
[뎁트]

n. 빚, 부채, 채무, 신세
He finally paid all his debts off.
그는 마침내 자신의 모든 빚을 갚았다.

tax
[택스]

n. 세금   v. 세금을 부과하다
That price includes tax.
그 가격에는 세금이 포함됩니다.

declare
[디클레어]

v. 선언하다, 주장하다, 신고하다
Do you have anything to declare?
신고할 것이 있나요?
He declared that he was innocent.
그는 자신이 결백하다고 주장했다.

Day 21
Day 22
Day 23
Day 24
Day 25
Day 26
Day 27
Day 28
Day 29
Day 30

deal [딜:]	n. 거래, 합의　v. 다루다, 거래하다, 조치하다 **I think I can deal with it.** 내가 그것을 처리할 수 있을 것 같아. deal
enable [인에이블]	v. 할 수 있게 하다, 가능하게 하다 **Her wealth enables her to do anything she wants.** 그녀의 부는 그녀가 원하는 것은 무엇이든 할 수 있게 한다.
fair [페어]	adj. 공평한, 공명정대한, 타당한 **I don't think it is fair.** 나는 그것이 공평하다고 생각하지 않아.
peace [피:스]	n. 평화, 평온, 화해 **Peace talks between both sides will begin next month.** 양측의 평화회담은 다음 달 시작된다.
figure [**피**겨]	n. 숫자, 수치, 인물, 피규어　v. 계산하다, 생각해내다, 이해하다 **I can't remember the exact figure.** 나는 정확한 수치를 기억하지는 못합니다.
found [파운드]	v. (founded, founded) 세우다, 설립하다, 만들다 **He was thirty years old when he founded the company.** 그가 회사를 설립했을 때는 30세의 나이였다.
select [셀렉트]	v. 고르다, 선발하다, 선택하다 **You can select one item from the list.** 목록에서 한 가지 품목을 선택할 수 있습니다.  select

Day 28 Vocabulary

manner
[매너]

n. 방법, 태도, (-s) 예절, 예의, 관습

Tom has no manners at all.
톰은 예의가 전혀 없다.

Table manners vary from culture to culture.
식사 예절은 문화에 따라 다르다.

object
[오:브젝트, 어브 젝트]

n. 물건, 사물, 대상, 목적   v. 반대하다, 항의하다

Her main object in life is to become famous.
그녀의 인생의 주된 목적은 유명해지는 것이다.

private
[프라이빗]

adj. 개인의, 사적인, 사립의

I want to talk to you in private.
당신과 사적으로 이야기하고 싶습니다.

route
[루:트, 라우트]

n. 길, 방법

Can I have a bus route map here?
여기서 버스 노선도를 구할 수 있나요?

struggle
[스트러글]

n. 투쟁, 분투   v. 노력하다, 애쓰다, 어려움을 겪다

He is struggling with math problems.
그는 수학 문제를 풀기 위해 애쓰고 있다.

After a lot of struggle, he achieved his goal.
많은 노력 끝에, 그는 자신의 목표를 달성했다.

struggle

whole
[홀:]

adj. 전체의, 전부의, 모든, 온전한

She was busy the whole day yesterday.
그녀는 어제 하루 종일 바빴다.

Day 21 Day 22 Day 23 Day 24 Day 25 Day 26 Day 27 Day 28 Day 29 Day 30

Exercise

1 – 5. 단어와 뜻을 서로 연결하세요.

1. tax	a) 사건
2. fair	b) 숫자
3. affair	c) 세금
4. figure	d) 방법
5. manner	e) 공평한

6 – 10. 그림에 해당하는 단어를 찾아 문장을 완성하세요.

6. The tourist is looking at the _____ map.

  a) root   b) route

7. The baseball player made a(n) _____.

  a) damage   b) error

8. The man is trying to lift a large _____.

  a) comfort   b) object

9. The boxer _____ his opponent.

  a) beat   b) bent

10. The woman is _____ a book from the bookcase.

  a) creating   b) selecting

11 – 15. 주어진 문장의 빈칸에 가장 적절한 단어를 고르세요.

a) debts   b) declared   c) enabled   d) founded   e) private

11. Celebrities can hardly have _____ lives.

12. His _____ amounted to one million dollars.

13. The fund _____ him to complete his research.

14. It has been seventy years since the company was _____.

15. America _____ independence from Britain on July 4, 1776.

16 – 20. 녹음을 잘 듣고 문장을 따라 쓴 후, 문장과 일치하는 그림을 찾아 그 기호를 쓰세요.

16. _____ (   )

17. _____ (   )

18. _____ (   )

19. _____ (   )

20. _____ (   )

Listening Points

16. eat the whole pizza
17. borrow a book
18. struggle / get out of
19. symbolize peace
20. shake hands / after a deal

A

B

C

D

E

Day 29

★ **Match words to pictures.**
(그림에 맞는 단어를 목록에서 찾아 쓰세요.)

- ☐ tiny
- ☐ fear
- ☐ draw
- ☐ communicate
- ☐ honor

1. ( )

2. ( )

3. ( )

4. ( )

5. ( )

Today's Task

★ **How many words do you know?**
(오늘 학습할 단어입니다. 알고 있는 단어에 √로 표시하세요.)

- ☐ attractive
- ☐ bless
- ☐ direction
- ☐ draw
- ☐ express
- ☐ fear
- ☐ govern
- ☐ honor
- ☐ rush
- ☐ independent
- ☐ obvious
- ☐ occur
- ☐ pretend
- ☐ communicate
- ☐ treat
- ☐ surprise
- ☐ foreign
- ☐ tiny
- ☐ wild
- ☐ bottom

Day 29 Vocabulary

attractive [어트**랙**티브]	adj. 멋진, 매력적인, 매혹적인 **The gentleman was young, smart, and attractive.** 그 신사는 젊고 영리하고 매력적이었다.
bless [블레스]	v. 축복하다, 신성하게 하다, 기도하다 **God bless you all.** 신이 여러분 모두를 축복하기를.
direction [디**렉**션]	n. 방향, 목표, 지시, 명령 **John has an excellent sense of direction.** 존은 방향 감각이 뛰어나다.
draw [드로:]	n. 추첨, 제비뽑기; 무승부, 비 기기 v. (drew, drawn) 뽑다, 끌 다, 당기다; (그림을) 그리다 **The gunman drew his pistol and fired in the blink of an eye.** 그 총잡이는 눈 깜짝할 사이 권총 을 뽑아 발사했다.  draw
express [익스프**레**스]	v. 표현하다, 나타내다, 발표하다 adj. 신속한, 급행의 n. 급행열차 **He expressed his opinion confidently at the meeting.** 그는 회의에서 자신의 의견을 자신감 있게 표현했다.
fear [피어]	n. 공포, 두려움 v. 두려워하다, 무서워하다 **The child has a fear of dogs.** 그 아이는 개를 무서워한다.
govern [**거**번]	v. 통치하다, 다스리다, 지배하다, 관리하다 **France governed the island for many years.** 프랑스는 그 섬을 수 년 동안 통치했다.

Day 21 Day 22 Day 23 Day 24 Day 25 Day 26 Day 27 Day 28 **Day 29** Day 30

honor [아:너]	n. 경의, 명예, 상 v. 존경하다, (상을) 수여하다, 영예를 주다 **It is an honor to meet you. / I am honored to meet you.** 귀하를 만나서 영광입니다.
rush [러쉬]	n. 급한 움직임, 분주함, 혼잡함 v. 서두르다, 돌진하다, 재촉하다 **Why are you in such a rush?** 왜 그렇게 서둘러? rush
independent [인디**펜**던트]	adj. 독립의, 독자적인, 자립적인 **India became independent in 1947.** 인도는 1947년 독립했다.
obvious [**오**비어스]	adj. 명백한, 뻔한, 확실한 **It is obvious that he met her.** 그가 그녀를 만났던 것은 명백하다.
occur [어**커**:]	v. 일어나다, 발생하다, 생기다 **Earthquakes frequently occur in this area.** 지진이 이 지역에서 자주 발생한다.
pretend [프리**텐**드]	v. 척하다, 가장하다, 흉내 내다 **He pretended to be happy.** 그는 행복한 척했다. pretend
communicate [커**뮤**니케이트]	v. 대화하다, 의사소통하다, 연락하다, 통신하다 **Smartphones have changed the way we communicate with others.** 스마트폰은 우리가 사람들과 의사소통하는 방법을 바꿔 놓았다.

treat
[트리:트]

v. 다루다, 처리하다, 치료하다　n. 대접, 한턱, 선물

I am an adult now. Don't treat me like a child.
나는 이제 어른입니다. 나를 아이 취급하지 마세요.

It is my treat.
내가 낼 차례이다.

surprise
[서프**라**이즈]

n. 뜻밖의 소식, 놀라움　v. 놀라게 하다.

What a surprise!
웬일이야. / 깜짝이야.

I was surprised to see Jane at the party.
나는 제인이 파티에 와서 놀랐다.

foreign
[**포**:린]

adj. 외국의, 대외적인, 이질적인

Which foreign language do you study except English?
영어 외에 어떤 외국어를 공부하나요?

tiny
[**타**이니]

adj. 아주 작은, 왜소한

The cup broke into tiny fragments.
컵이 산산 조각이 났다.

wild
[와일드]

adj. 야생의, 자연 그대로의, 거친, 사나운

I like wild animals.
나는 야생 동물을 좋아한다.

bottom
[**바**:텀]

n. 밑, 밑바닥, 맨 아래　adj. 끝에, 맨 아래 쪽에

Her name is at the bottom of the list.
그녀의 이름은 목록 맨 아래에 있다.

bottom

Exercise

1 – 5. 단어와 뜻을 서로 연결하세요.

1. treat	a) 외국의
2. bless	b) 다루다
3. occur	c) 통치하다
4. foreign	d) 발생하다
5. govern	e) 축복하다

6 – 10. 그림에 해당하는 단어를 찾아 문장을 완성하세요.

6. The girl has a(n) _____ of spiders.

   a) anger   b) fear

7. The man caught a _____ fish.

   a) tiny   b) tired

8. The boy received a _____ gift.

   a) shock   b) surprise

9. The man is in a _____ for a meeting.

   a) push   b) rush

10. The girl is looking at _____ flowers.

   a) wild   b) wonder

11 – 15. 주어진 문장의 빈칸에 가장 적절한 단어를 고르세요.

a) honor b) obvious c) express d) attractive e) independent

11. I will send it to you by _____ mail.

12. He wants to be _____ of his parents.

13. The monument was built in _____ of the poet.

14. His offer was _____ to me from the beginning.

15. It became _____ that she was not guilty.

16 – 20. 녹음을 잘 듣고 문장을 따라 쓴 후, 문장과 일치하는 그림을 찾아 그 기호를 쓰세요.

16. _____ (   )

17. _____ (   )

18. _____ (   )

19. _____ (   )

20. _____ (   )

Listening Points

16. horse / draw a cart
17. run in the same direction
18. communicate with
19. sunk / to the bottom of
20. pretend to be a sheep

A

B

C

D

E

Day 30

☐ rid ☐ ruin ☐ persuade ☐ stare ☐ store	 1. ( )	 2. ( )
 3. ( )	 4. ( )	 5. ( )

Today's Task ★ **How many words do you know?**
(오늘 학습할 단어입니다. 알고 있는 단어에 √로 표시하세요.)

☐ demand	☐ ruin	☐ regard
☐ confuse	☐ enemy	☐ rid
☐ store	☐ noble	☐ riddle
☐ goods	☐ opinion	☐ since
☐ chief	☐ persuade	☐ sure
☐ thick	☐ previous	☐ revival
☐ stare	☐ refresh	

demand [디맨드]	n. 수요, 요구 v. 요구하다, 필요로 하다 **Dairy products are in strong demand in the market.** 시장에서 유제품의 수요가 매우 높다.
confuse [컨퓨·즈]	v. 혼란스럽게 하다, 당황하게 하다, 혼동하다 **His explanation was vague and confusing.** 그의 설명은 모호하고 혼란스러웠다.
store [스토:어]	n. 가게, 상점, 매장 v. 저장하다, 보관하다 **The store closes at five on Sunday.** 저 상점은 일요일에는 5시에 문을 닫는다.
goods [굳즈]	n. 상품, 물품 **The company deals in sporting goods.** 그 회사는 운동 용품을 취급한다.
chief [취:프]	n. 우두머리, 장, 최고위자 adj. 주된, 주요한 **The chief crop of Vietnam is rice.** 베트남의 주된 작물은 쌀이다.
thick [씩]	adj. 두꺼운, 짙은, 굵은 **The ice of the lake is thick enough for skating.** 그 호수의 얼음은 스케이트를 탈 수 있을 만큼 충분히 두껍다.
stare [스테어]	n. 빤히 쳐다보기, 응시 v. 빤히 쳐다보다, 응시하다, 노려보다 **He realized someone staring at him across the street.** 그는 누군가가 길 건너에서 자신을 응시하고 있는 것을 알았다.

stare

ruin
[**루**:인]

n. 유적, 폐허, 파멸   v. 망치다, 폐허로 만들다
I don't want to ruin the plan.
나는 계획을 망치고 싶지 않아.

enemy
[**에**너미]

n. 적, 적군, 적대자, 장애물
Mike has no enemy.
마이크는 적이 없다.

noble
[**노**블]

adj. 고귀한, 고결한   n. 귀족, 상류층
He is a man of noble mind.
그는 고상한 마음의 사람이다.
He was born the eldest son in a noble family.
그는 귀족 가문의 장남으로 태어났다.

noble

opinion
[오**피**니언]

n. 의견, 생각, 여론
I disagree with your opinion.
나는 당신의 의견에 동의하지 않습니다.

persuade
[펄스**웨**이드]

v. 설득하다, 납득시키다, 종용하다
I tried to persuade McCall, but with little effect.
나는 맥콜을 설득하려 했지만 별 효과는 없었다.

previous
[프**리**:비어스]

adj. 이전의, 사전의, 예비의
I cannot attend the meeting because I have a previous appointment.
선약이 있어서 회의에 참석할 수 없습니다.

refresh
[리프**레**쉬]

v. 기운 나게 하다, 생기를 되찾다
After taking a walk in the park, I feel refreshed.
공원을 산책한 후, 기분이 상쾌했다.

regard
[리가:드]

v. 여기다, 간주하다, 보다　n. 관심, 고려, 배려, (pl.) (편지 끝 부분) 안부의 말

I regarded him as a friend.
나는 그를 친구로 생각했다.

Give my regards to your family.
당신의 가족들에게 안부 전해주세요.

★ regarding / with regard to … 에 관하여, … 에 대하여

rid
[리드]

v. 없애다, 버리다, 제거하다, 면하게 하다

My father plans to get rid of old books in the attic.
아버지는 다락에 있는 고서들을 치우실 계획이다.

★ get rid of … 을 없애다, 처리하다, 제거하다

rid

riddle
[리들]

n. 수수께끼, 불가사의

No one in our group could solve the riddle.
우리 그룹의 누구도 그 수수께끼를 풀지 못했다.

since
[씬스]

prep. … 부터, 그 후, 그 이래　conj. … 한 이후로; … 때문에

We have lived in this house since 2004.
우리는 2004년 이후부터 이 집에서 살았다.

sure
[슈어]

adj. 확신하는, 확실한

I am not sure who will win in the final.
나는 결승전에서 누가 이길지 잘 모르겠다.

revival
[리바이벌]

n. 부활, 회복, 되살리기

Spring represents rebirth and revival.
봄은 재탄생과 부활을 나타낸다.

Day 21
Day 22
Day 23
Day 24
Day 25
Day 26
Day 27
Day 28
Day 29
Day 30

Exercise

1 – 5. 단어와 뜻을 서로 연결하세요.

1. sure	a) 부활
2. noble	b) 의견
3. revival	c) 이전의
4. opinion	d) 고상한
5. previous	e) 확신하는

6 – 10. 그림에 해당하는 단어를 찾아 문장을 완성하세요.

6. The man is reading a _____ book.

   a) thick   b) wild

7. The girl is trying to guess a(n) _____.

   a) angel   b) riddle

8. The man is trying to _____ his audience.

   a) expect   b) persuade

9. _____ are stored in the warehouse.

   a) Goods   b) Profits

10. War turned the city into _____.

   a) bomb   b) ruin

11 – 15. 주어진 문장의 빈칸에 가장 적절한 단어를 고르세요.

a) chief b) regard c) since d) confuse e) demand

11. You should not _____ the ends with the means.

12. It has been ten years _____ he founded the company.

13. With _____ to this issue, we will talk again next week.

14. Prices depend on the interaction of supply and _____.

15. The _____ executive of the company will resign next month.

16 – 20. 녹음을 잘 듣고 문장을 따라 쓴 후, 문장과 일치하는 그림을 찾아 그 기호를 쓰세요.

16. _____ (   )

17. _____ (   )

18. _____ (   )

19. _____ (   )

20. _____ (   )

Listening Points

16. get rid of the dust
17. staring at each other
18. feel refreshed
19. attack the enemy
20. shopping / a grocery
    store

A

B

C

D

E

1 – 5. 단어와 뜻을 서로 연결하세요.

1. fog	a) 화난
2. seed	b) 안개
3. basic	c) 씨앗
4. angry	d) 기초의
5. regular	e) 규칙적인

6 – 10. 그림에 해당하는 단어를 찾아 문장을 완성하세요.

6. The man carries _____.

    a) a ladder   b) a suitcase

7. The boy runs _____.

    a) past   b) fast

8. The girl is carrying a _____.

    a) briefcase   b) suitcase

9. The boy hurt his _____.

    a) elbow b) knee

10. The man came first in the _____.

    a) race   b) lace

11 – 15. 주어진 문장의 빈칸에 가장 적절한 단어를 고르세요.

a) alive b) able c) begin d) exchange e) familiar

11. I won't be _____ to attend the meeting.

12. I am not _____ with this place.

13. When the rescue team arrived, they were still _____.

14. I want to _____ this shirt for a larger size.

15. The road work will _____ next week and last four weeks.

16 – 20. 녹음을 잘 듣고 문장을 따라 쓴 후, 문장과 일치하는 그림을 찾아 그 기호를 쓰세요.

16. _____ (   )

17. _____ (   )

18. _____ (   )

19. _____ (   )

20. _____ (   )

Listening Points

16. feed chickens
17. look at the map
18. carry / books
19. bend backward
20. balance herself

A

B

C

D

E

Review Test 2 (Day 06 - 10)

1 – 5. 단어와 뜻을 서로 연결하세요.

1. tour	a) 제안
2. offer	b) 여행
3. mild	c) 찾다
4. search	d) 미술관
5. museum	e) 온화한

6 – 10. 그림에 해당하는 단어를 찾아 문장을 완성하세요.

6. The man is carrying a _____ box.

    a) heavy   b) light

7. The fox has a long _____.

    a) head   b) tail

8. The pot is _____ over.

    a) boiling   b) sailing

9. The girl is _____ a horse.

    a) riding   b) feeding

10. The car _____ a road sign.

    a) parked at   b) crashed into

11 – 15. 주어진 문장의 빈칸에 가장 적절한 단어를 고르세요.

 a) trip b) accept c) unless d) match e) tired

11. He didn't _____ my apology.

12. I am so _____ because I worked all day.

13. The football _____ today ended in a draw.

14. They came back from a _____ to Greece last week.

15. _____ something happens, I will leave tomorrow morning.

16 – 20. 녹음을 잘 듣고 문장을 따라 쓴 후, 문장과 일치하는 그림을 찾아 그 기호를 쓰세요.

16. _____ (   )

17. _____ (   )

18. _____ (   )

19. _____ (   )

20. _____ (   )

Listening Points

16. policeman / chase
17. chef / add salt
18. play the piano / concert
19. blew / umbrella inside out
20. shot and wounded

A

B

C

D

E

Review Test 3 (Day 11 – 15)

1 – 5. 단어와 뜻을 서로 연결하세요.

1. aid	a) 두뇌
2. birth	b) 출생
3. brain	c) 도움
4. perfect	d) 기억하다
5. remember	e) 완벽한

6 – 10. 그림에 해당하는 단어를 찾아 문장을 완성하세요.

	6. A guide dog leads the _____. a) blind b) blond
	7. The man is _____ the fence. a) repairing b) painting
	8. The man is going to _____ the door. a) lock b) raise
	9. The boy slipped on the _____ floor. a) wet b) wood
	10. The students are working _____. a) alone b) together

11 – 15. 주어진 문장의 빈칸에 가장 적절한 단어를 고르세요.

a) away b) bear c) luck d) energy e) hospital

11. Plants use the sun's _____ to produce sugar.

12. My house is a few miles _____ from the town.

13. This panel is strong enough to _____ your weight.

14. We need more ambulances to take the injured to _____.

15. Some people consider the black cat a sign of bad _____.

16 – 20. 녹음을 잘 듣고 문장을 따라 쓴 후, 문장과 일치하는 그림을 찾아 그 기호를 쓰세요.

16. _____ (   )

17. _____ (   )

18. _____ (   )

19. _____ (   )

20. _____ (   )

Listening Points

16. spilt coffee
17. satisfied with / exam result
18. choose between
19. fell to the ground
20. observe the plant

A

B

C

D

E

Review Test 4 (Day 16 - 20)

1 – 5. 단어와 뜻을 서로 연결하세요.

1. join	a) 평범한
2. create	b) 감소하다
3. improve	c) 창조하다
4. ordinary	d) 가입하다
5. decrease	e) 개선하다

6 – 10. 그림에 해당하는 단어를 찾아 문장을 완성하세요.

	6. The baby is _____ to eat his meal. a) refusing b) willing
	7. The policewoman is holding a _____. a) cup b) gun
	8. The boy measures his _____. a) height b) weight
	9. The girl _____ a gift box from her mom. a) delivers b) receives
	10. The man is trying to find _____. a) clues b) data

11 – 15. 주어진 문장의 빈칸에 가장 적절한 단어를 고르세요.

a) noise b) valid c) supply d) aware e) visible

11. No one was _____ of his presence.

12. You should not make _____ in the library.

13. A lot of stars are not _____ to the naked eye.

14. There is a close relationship between _____ and demand.

15. To log in, you have to enter a _____ username and password.

16 – 20. 녹음을 잘 듣고 문장을 따라 쓴 후, 문장과 일치하는 그림을 찾아 그 기호를 쓰세요.

16. _____ (   )

17. _____ (   )

18. _____ (   )

19. _____ (   )

20. _____ (   )

Listening Points

16. remove dust
17. hold a child
18. talk in a whisper
19. take a rest / in the shade
20. let the sunshine in

A

B

C

D

E

Review Test 5 (Day 21 - 25)

1 – 5. 단어와 뜻을 서로 연결하세요.

1. earth	a) 현실
2. secret	b) 지구
3. reality	c) 취미
4. hobby	d) 지혜
5. wisdom	e) 비밀

6 – 10. 그림에 해당하는 단어를 찾아 문장을 완성하세요.

	6. The man has an _____ in his shoulder. a) arch b) ache
	7. The cook is _____ his soup. a) serving b) tasting
	8. The boy is stuck in the _____. a) mud b) mug
	9. Birds are sitting on the _____. a) next b) nest
	10. The man is standing _____ the camera. a) behind b) in front of

11 – 15. 주어진 문장의 빈칸에 가장 적절한 단어를 고르세요.

a) anxious b) duty c) bloom d) research e) reduce

11. Who is on _____ today?

12. Some flowers come into _____ in Autumn.

13. There are several ways to _____ living expenses.

14. She is _____ to know the result of the medical checkup.

15. Due to lack of funds, the scientist could not continue his _____.

16 – 20. 녹음을 잘 듣고 문장을 따라 쓴 후, 문장과 일치하는 그림을 찾아 그 기호를 쓰세요.

16. _____ (   )

17. _____ (   )

18. _____ (   )

19. _____ (   )

20. _____ (   )

Listening Points

16. touch / forehead
17. trim / branches
18. destroy / computer
19. dig the ground / plant
20. fasten the seatbelt

A

B

C

D

E

1 – 5. 단어와 뜻을 서로 연결하세요.

1. owe	a) 숫자
2. occur	b) 이전의
3. figure	c) 빚지다
4. typical	d) 발생하다
5. previous	e) 전형적인

6 – 10. 그림에 해당하는 단어를 찾아 문장을 완성하세요.

	6. The man _____ his shoulder. a) shoots b) shrugs
	7. The man has _____ in opening the door. a) travel b) trouble
	8. The boxer _____ his opponent. a) beat b) bent
	9. The man caught a _____ fish. a) tiny b) tired
	10. The man is trying to _____ his audience. a) expect b) persuade

11 – 15. 주어진 문장의 빈칸에 가장 적절한 단어를 고르세요.

a) effect b) confuse c) normal d) private e) obvious

11. Celebrities can hardly have _____ lives.

12. It became _____ that she was not guilty.

13. The price increase will go into _____ next month.

14. I think things will get back to _____ sooner or later.

15. You should not _____ the ends with the means.

16 – 20. 녹음을 잘 듣고 문장을 따라 쓴 후, 문장과 일치하는 그림을 찾아 그 기호를 쓰세요.

16. _____ (   )

17. _____ (   )

18. _____ (   )

19. _____ (   )

20. _____ (   )

Listening Points

16. plenty of candies
17. run in the same direction
18. get rid of the dust
19. sit on the edge of
20. struggle / get out of

A

B

C

D

E

Exercise 정답

Day 01 p. 16

1. c 2. e 3. b 4. a 5. d 6. b 7. a 8. a 9. b 10. a
11. e 12. c 13. d 14. b 15. a
16. D 17. E 18. B 19. A 20. C

* 16 – 20 Listening Text

16. The boy is writing a letter.
17. The plane is about to take off.
18. A traveler is looking at the map.
19. People are crossing the bridge.
20. A street musician is playing the guitar.

Day 02 p. 22

1. c 2. a 3. b 4. e 5. d 6. b 7. a 8. a 9. a 10. b
11. b 12. c 13. a 14. e 15. d
16. C 17. D 18. A 19. E 20. B

* 16 – 20 Listening Text

16. The lady is waiting for a phone call.
17. The girl grows a tree in her garden.
18. The class is full, and no one is absent.
19. The boy fell in love with the girl at first sight.
20. The girl is trying to balance herself on one leg.

Day 03 p. 28

1. d 2. b 3. e 4. a 5. c 6. a 7. b 8. a 9. b 10. b
11. c 12. e 13. d 14. a 15. b
16. B 17. E 18. A 19. D 20. C

* 16 – 20 Listening Text

16. The girl is feeding her chickens.

17. The ship is sailing out of the harbor.
18. The horse is jumping over the fence.
19. The passengers are boarding the plane.
20. The lady is starting a journey at the airport.

Day 04   p. 34

1. b 2. d 3. a 4. e 5. c 6. b 7. b 8. a 9. b 10. a
11. e 12. a 13. d 14. b 15. c
16. D 17. E 18. C 19. A 20. B

* 16 – 20 Listening Text

16. The woman is fixing a flat tire.
17. The family is dining at a restaurant.
18. The boy is bending his body backward.
19. The young man is burning the midnight oil.
    * burn the midnight oil (일 또는 공부를 하느라) 밤늦게까지 불을 밝히다
20. The girl is happy because she passed the driving test.

Day 05   p. 40

1. b 2. d 3. e 4. a 5. c 6. a 7. b 8. b 9. b 10. a
11. e 12. a 13. d 14. c 15. b
16. B 17. D 18. A 19. E 20. C

* 16 – 20 Listening Text

16. The boy is carrying an armful of books.
17. The man is traveling abroad for business.
18. The farmer feels sad because there is no rain.
19. The brass band is marching through the street.
20. Two businessmen greet each other with a handshake.

Day 06　　　　　　　　　　　　　　　p. 46

1. c　2. a　3. e　4. b　5. d　6. b　7. a　8. a　9. a　10. b
11. d　12. a　13. b　14. e　15. c
16. B　17. C　18. E　19. D　20. A

16 – 20 Listening Text

16. Children are playing in the park.
17. The boy is enjoying indoor rock climbing.
18. The man is holding twin babies in his arms.
19. The soldier was shot and seriously wounded.
20. The boy can't sleep because it is so noisy outside.

Day 07　　　　　　　　　　　　　　　p. 52

1. b　2. e　3. a　4. c　5. d　6. a　7. b　8. b　9. a　10. a
11. a　12. c　13. b　14. e　15. d
16. E　17. D　18. A　19. C　20. B

16 – 20 Listening Text

16. The girl is taking a rest on the sofa.
17. The policeman is chasing a criminal.
18. Two boys are hiding behind a bush.
19. The lady feels a pain in the shoulder.
20. The boy is excited about the gift he got.

Day 08　　　　　　　　　　　　　　　p. 58

1. b　2. c　3. e　4. d　5. a　6. a　7. b　8. b　9. a　10. b
11. d　12. c　13. b　14. e　15. a
16. A　17. C　18. D　19. E　20. B

16 – 20 Listening Text

16. The girl is collecting leaves.
17. The tiger is lying on the grass.
18. The chef is adding salt to the saucepan.

19. Tourists are taking a sight-seeing trip on the bus.

20. The top of the mountain is covered with snow.

Day 09 p. 64

1. b 2. a 3. e 4. c 5. d 6. a 7. b 8. a 9. b 10. b
11. d 12. a 13. e 14. b 15. c
16. C 17. A 18. D 19. E 20. B

* 16 – 20 Listening Text

16. People are stuck in a traffic jam.

17. A big tree is shaking in the wind.

18. The factory is sending up clouds of smoke.

19. The wind blew the lady's umbrella inside out.

20. The postman is delivering letters on his rounds.

Day 10 p. 70

1. c 2. b 3. e 4. a 5. d 6. b 7. a 8. b 9. a 10. b
11. b 12. a 13. e 14. c 15. d
16. E 17. C 18. A 19. B 20. D

* 16 – 20 Listening Text

16. The photographer is taking a picture.

17. The man is trying to repair a vehicle.

18. People are reading books in the library.

19. The woman is playing the piano at the concert.

20. The girl is raising her hands to answer the question.

Day 11 p. 76

1. b 2. e 3. a 4. c 5. d 6. a 7. b 8. a 9. a 10. b
11. c 12. a 13. d 14. e 15. b
16. B 17. A 18. E 19. D 20. C

16. **The boy is ill in bed with a cold.**
17. **The artist is painting a picture.**
18. **There is a narrow path in the woods.**
19. **The nurse is looking after her patient.**
20. **The boy is satisfied with his exam result.**

Day 12   p. 82

1. d 2. e 3. b 4. a 5. c 6. b 7. b 8. a 9. b 10. a
11. b 12. a 13. e 14. c 15. d
16. **E** 17. **C** 18. **B** 19. **D** 20. **A**

16. **A frog leaps into the pond.**
17. **Kids are swimming in the lake.**
18. **The woman left her key in the car.**
19. **The girl is having a vegetable dish.**
20. **The man spilt coffee on his laptop.**

Day 13   p. 88

1. e 2. d 3. b 4. c 5. a 6. b 7. a 8. b 9. a 10. a
11. b 12. a 13. d 14. e 15. c
16. **E** 17. **C** 18. **A** 19. **B** 20. **D**

16. **Frogs are swimming in the water.**
17. **A thief is trying to unlock the safe.**
18. **The farmer sows seeds in the field.**
19. **The girl feels dizzy from the summer heat.**
20. **The man lost his balance and fell to the ground.**

1. c   2. a   3. d   4. e   5. b   6. b   7. a   8. a   9. a   10. b
11. a   12. e   13. d   14. b   15. c
16. D   17. A   18. B   19. E   20. C

* 16 – 20 Listening Text

16. The man tries to fix a leaking water pipe.
17. The boy fell off the bike and hurt his knee.
18. The girl is sweeping up the sand on the floor.
19. The policeman arrested the man in the act of stealing.
20. The girl observes the plant through a magnifying glass.

1. c   2. d   3. a   4. b   5. e   6. a   7. b   8. a   9. a   10. b
11. b   12. e   13. c   14. d   15. a
16. B   17. D   18. C   19. E   20. A

* 16 – 20 Listening Text

16. The woman is hanging clothes out to dry.
17. The man is having a tea break at the office.
18. The girl is trying to choose between two dresses.
19. The helicopter is landing on the roof of a building.
20. The man is running forward with a torch in his hand.

1. b   2. e   3. a   4. c   5. d   6. a   7. b   8. a   9. b   10. b
11. c   12. d   13. b   14. e   15. a
16. B   17. A   18. D   19. E   20. C

* 16 – 20 Listening Text

16. The man is trying to lift a heavy box.
17. The man is carrying a laundry basket.

18. The man is escaping from a sinking ship.
19. A group of children are talking in a whisper.
20. The woman is withdrawing cash from an ATM.

Day 17 p. 112

1. b 2. c 3. a 4. e 5. d 6. b 7. b 8. a 9. b 10. a
11. c 12. a 13. e 14. b 15. d
16. C 17. A 18. E 19. B 20. D

* 16 – 20 Listening Text

16. A castle stands on the hill.
17. Soldiers are saluting the flag.
18. The girl is removing dust on the table.
19. The businessmen are attending a meeting.
20. The boy is sitting under the shadow of a tree.

Day 18 p. 118

1. d 2. a 3. c 4. e 5. b 6. b 7. b 8. a 9. b 10. a
11. b 12. a 13. d 14. c 15. e
16. D 17. A 18. E 19. B 20. C

* 16 – 20 Listening Text

16. The man is drawing a portrait.
17. The ball hit the player on the head.
18. The waiter is serving food in the restaurant.
19. The man parked his car in a no-parking zone.
20. The boys are taking a rest in the shade of a tree.

Day 19 p. 124

1. e 2. d 3. b 4. c 5. a 6. b 7. b 8. a 9. a 10. b
11. c 12. d 13. a 14. e 15. b
16. D 17. C 18. E 19. B 20. A

16. The man is asking children to be silent.
17. An earthquake damaged many buildings.
18. The woman is reading an electricity meter.
19. A waiter is serving his customer in the restaurant.
20. The man is pushing curtains aside to let the sunshine in.

Day 20   p. 130

1. b 2. a 3. e 4. c 5. d 6. a 7. b 8. b 9. b 10. a
11. c 12. a 13. b 14. e 15. d
16. C 17. E 18. B 19. A 20. D

* 16 – 20 Listening Text

16. The girl is taking a violin lesson.
17. People are waiting in line to vote.
18. The woman is holding a child in her arms.
19. Being bored, he stretched his arms and yawned.
20. The young man is packing equipment for his camping trip.

Day 21   p. 136

1. d 2. a 3. e 4. c 5. b 6. a 7. b 8. b 9. a 10. a
11. b 12. d 13. e 14. a 15. c
16. D 17. B 18. E 19. A 20. C

* 16 – 20 Listening Text

16. The man is trimming the tree's branches.
17. The boy is protecting the girl from a dog.
18. The boy is having a medical checkup at a hospital.
19. The policeman is asking the man to show his driving license.
20. The woman is strong enough to lift the heavy weights.

Day 22   p. 142

1. b 2. c 3. a 4. e 5. d 6. a 7. a 8. b 9. b 10. a

11. b 12. d 13. a 14. c 15. e

16. B 17. D 18. E 19. A 20. C

*16 – 20 Listening Text

16. The man is walking in the storm.

17. The hunter is aiming his rifle at a bird.

18. The woman is fastening the baby's seatbelt.

19. The girl is sliding down the snow-covered hill on her sleigh.

20. The mouse is looking at a slice of cheese on the mousetrap.

Day 23   p. 148

1. c 2. a 3. b 4. e 5. d 6. a 7. a 8. b 9. a 10. b

11. a 12. e 13. b 14. d 15. c

16. C 17. B 18. E 19. A 20. D

*16 – 20 Listening Text

16. A woman is designing a dress.

17. Soldiers are taking part in the battle.

18. A man is giving a speech to his audience.

19. The man is going to destroy his computer.

20. Kids are cooperating to put a jigsaw puzzle together.

Day 24   p. 154

1. d 2. a 3. e 4. b 5. c 6. b 7. a 8. a 9. b 10. b

11. d 12. b 13. e 14. a 15. c

16. E 17. A 18. B 19. C 20. D

*16 – 20 Listening Text

16. Students are attending a math class.

17. The man is repairing a musical instrument.
18. The woman is touching the girl's forehead.
19. The man is installing solar panels on the roof.
20. The boy is putting together the pieces of the puzzle.

Day 25   p. 160

1. e 2. c 3. d 4. a 5. b 6. b 7. a 8. a 9. b 10. a
11. c 12. b 13. a 14. e 15. d
16. D 17. C 18. B 19. E 20. A

*16 – 20 Listening Text

16. The postman is delivering packages.
17. The flood submerged the whole village.
18. The children are surrounding the magician.
19. The boy is digging the ground to plant a tree.
20. The engineer is doing some electrical maintenance work.

Day 26   p. 166

1. c 2. a 3. d 4. e 5. b 6. b 7. a 8. b 9. b 10. a
11. e 12. b 13. a 14. c 15. d
16. E 17. B 18. A 19. D 20. C

*16 – 20 Listening Text

16. The girls are collecting shells at the seashore.
17. Leaves are floating on the surface of the water.
18. The woman is sitting on the edge of the bench.
19. The man is astonished at the news in the newspaper.
20. The woman wears an evening dress for a formal occasion.

Day 27   p. 172

1. b   2. d   3. c   4. e   5. a   6. a   7. b   8. b   9. b   10. a
11. c   12. a   13. b   14. e   15. d
16. B   17. A   18. C   19. E   20. D

* 16 – 20 Listening Text

16. The man appears to have a heart attack.
17. There are plenty of candies in the dish.
18. The boy is too greedy to share his cake with others.
19. An athletic event is being held at the school.
20. The two people show respect to each other and shake hands.

Day 28   p. 178

1. c   2. e   3. a   4. b   5. d
6. b   7. b   8. b   9. a   10. b
11. e   12. a   13. c   14. d   15. b
16. B   17. C   18. E   19. A   20. D

* 16 – 20 Listening Text

16. The boy is trying to eat the whole pizza.
17. The girl is borrowing a book in the library.
18. The driver is struggling to get out of the snow.
19. A dove with an olive branch symbolizes peace.
20. Two businessmen are shaking hands after a deal was signed.

Day 29   p. 184

1. b   2. e   3. d   4. a   5. c   6. b   7. a   8. b   9. b   10. a
11. c   12. e   13. a   14. d   15. b
16. B   17. D   18. C   19. E   20. A

16. The horse is drawing a cart.
17. The children are running in the same direction.
18. They are communicating with sign language.
19. An old wooden ship has sunk to the bottom of the ocean.
20. The wolf is pretending to be a sheep under the sheep's skin.

Day 30   p. 190

1. e 2. d 3. a 4. b 5. c 6. a 7. b 8. b 9. a 10. b
11. d 12. c 13. b 14. e 15. a
16. C 17. A 18. D 19. E 20. B

* 16 – 20 Listening Text

16. The man is getting rid of the dust on the floor.
17. They are staring at each other.
18. The girl feels refreshed after getting fresh air.
19. The soldiers are moving forward to attack the enemy.
20. The lady is shopping for food in a grocery store.

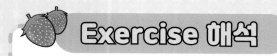

Exercise 해석

Day 01   p. 16

6.   강아지는 배가 고파 보인다.
7.   버스는 공항에서 멈추었다.
8.   남자는 시계를 고친다.
9.   아기는 잠을 자고 있다.
10. 남자는 사다리를 운반한다.

11. 나는 이번 주말에 집에 있을 것이다.
12. 제시카는 의사가 되기를 원한다.
13. 베스는 어제 내게 사과파이를 요리해주었다.
14. 도로 작업은 다음주에 시작하여 4주 동안 계속될 것이다.
15. 조이는 화요일 아침 11시에 뉴욕에서 도착할 것이다.

16. 소년은 편지를 쓰고 있다.
17. 비행기가 이륙하려 하고 있다.
18. 한 여행객이 지도를 보고 있다.
19. 사람들이 다리를 건너고 있다.
20. 거리의 악사가 기타를 치고 있다.

Day 02   p. 22

6.   소년은 빨리 달린다.
7.   바다는 잔잔하다.
8.   어둠속에서 눈이 깜박이고 있다.
9.   소년이 숲을 걷고 있다.
10. 여자아이는 엄마를 닮았다.

11. 나는 당신이 무슨 말을 하는지 모르겠다.
12. 안나는 나를 그녀의 생일 파티에 초대했다.
13. 나는 회의에 참석할 수가 없을 것이다.
14. 에밀리는 로한에게 충고를 하려했지만 그는 그녀를 무시했다.
15. 만약 날씨가 허락한다면, 우리는 내일 소풍을 갈 것이다.

16. 여인은 전화를 기다리고 있다.
17. 소녀가 그녀의 정원에서 나무를 가꾼다.
18. 교실은 빈자리가 없고, 아무도 결석하지 않았다.
19. 소년은 첫눈에 소녀에게 반했다.
20. 소녀는 한발로 균형을 유지하려 하고 있다.

Day 03 p. 28

6. 소년이 자전거를 타고 있다.
7. 소녀는 여행 가방을 운반하고 있다.
8. 그들은 사무실에서 토론하고 있다.
9. 커플이 관광을 하고 있다.
10. 소녀가 큰소리로 외친다.

11. 이 땅의 대부분은 톰슨씨 소유이다.
12. 한 무리의 소년들이 길을 따라 자전거를 타고 있다.
13. 나는 이 셔츠를 더 큰 사이즈로 교환하고 싶습니다.
14. 제인은 체크인 데스크에 여권을 제시했다.
15. 탐험대는 아마존 정글을 탐험하기 위해 여행을 시작했다.

16. 소녀는 닭들에게 모이를 주고 있다.
17. 배가 항구를 떠나고 있다.
18. 말이 장애물 위를 뛰고 있다.
19. 승객들이 비행기에 탑승하고 있다.
20. 여자가 공항에서 여행을 시작한다.

Day 04 p. 34

6. 남자가 물통을 운반한다.
7. 소년은 무릎을 다쳤다.
8. 여자는 사무실에서 일하고 있다.
9. 청년은 노인에게 자리를 양보한다.
10. 학생들은 교실에서 조용히 해야 할 것으로 기대된다.

11. 당신의 조언은 매우 도움이 되었습니다.
12. 나는 그녀의 제안에 동의한다.
13. 나는 이 장소를 잘 알지 못한다.
14. 그녀는 유명 작가로 알려져 있다.
15. 매일 30분씩 걷는 것은 건강에 좋을 것이다.

16. 여자는 펑크 난 타이어를 고치고 있다.
17. 가족이 식당에서 식사를 하고 있다.
18. 소년은 뒤로 몸을 젖히고 있다.
19. 청년은 밤늦게까지 공부하고 있다.
20. 소녀는 운전 면허 시험에 합격하여 기쁘다.

Day 05 p. 40

6. 남자는 경주에서 1등으로 도착했다.
7. 소녀는 애완용 강아지를 갖고 있다.
8. 남자는 계단 위로 달리고 있다.
9. 소녀의 청바지는 좀 더 짧아야 한다.
10. 아이들이 해변에서 배구를 하고 있다.

11. 당신은 좀 더 연습이 필요하다.
12. 나는 당신이 좀 더 어른스럽게 행동하기를 원한다.
13. 소녀는 매일 일기를 쓴다.
14. 제인은 아침에 새장이 텅 빈 것을 발견했다.
15. 구조팀이 도착했을 때 그들은 여전히 생존해 있었다.

16. 소년은 책을 한아름 운반하고 있다.
17. 남자는 업무상 해외여행을 하고 있다.
18. 농부는 비가 오지 않아 슬프다.
19. 취주악대가 거리를 행진하고 있다.
20. 사업가 두 사람이 서로 악수하며 인사한다.

6. 문이 닫혀 있다.
7. 소년은 나무 뒤에 숨어 있다.
8. 수업은 매우 지루하다.
9. 남자가 무거운 상자를 운반하고 있다.
10. 노인은 피곤하고 약해 보인다.

11. 모든 이를 만족시키려 하지 말라.
12. 제인은 하루 휴가를 허락 받았다.
13. 나는 다음 주 헬스클럽에 등록하려 한다.
14. 별일 없으면 나는 내일 아침 떠날 것이다.
15. 미셸은 학교에서 가장 뛰어난 학생들 중의 한 사람이다.

16. 아이들이 공원에서 놀고 있다.
17. 소년은 실내 암벽 등반을 즐기고 있다.
18. 남자는 쌍둥이 아기를 양팔에 안고 있다.
19. 군인은 총에 맞아 심한 부상을 입었다.
20. 소년은 밖이 너무 시끄러워 잠을 잘 수 없다.

6. 남자의 지갑은 비었다.
7. 소녀는 식물에 물을 주고 있다.
8. 여우는 꼬리가 길다.
9. 소년은 도끼로 나무를 자르고 있다.
10. 동전은 가운데 구멍이 있다.

11. 당신에게 커피를 한 잔 더 가져 오겠습니다.
12. 톰은 트리니티 칼리지를 졸업했다.
13. 오늘 일과 후 나를 데리러 올 수 있어?
14. 오늘 축구 경기는 무승부로 끝났다.
15. 제인은 지하철에서 가방을 갖고 내리는 것을 잊었다.

16. 소녀는 소파에서 쉬고 있다.
17. 경찰이 범인을 쫓고 있다.
18. 두 소년이 덤불 뒤에 숨어있다.
19. 여자는 어깨에 통증을 느낀다.
20. 소년은 선물을 받아 신이 났다.

Day 08 p. 58

6. 날씨가 매우 춥다.
7. 소녀는 장화를 신고 있다.
8. 농부가 과일을 따고 있다.
9. 냄비가 끓어서 넘치고 있다.
10. 온도계가 37도를 나타내고 있다.

11. 그는 나의 사과를 받아들이지 않았다.
12. 나는 그가 경기에서 이길 것으로 확신한다.
13. 집에 있어, 그렇지 않으면 감기에 걸릴 것이다.
14. 그들은 갑자기 어디선가 나타났다.
15. 나는 다음 주 새 자전거를 사려한다.

16. 소녀는 잎을 모으고 있다.
17. 호랑이가 풀밭에 누워있다.
18. 요리사가 냄비에 소금을 첨가하고 있다.
19. 관광객들이 버스에서 관광을 하고 있다.
20. 산꼭대기는 눈으로 덮여 있다.

Day 09 p. 64

6. 소녀는 화나 보인다.
7. 소년은 로프를 타고 오르고 있다.
8. 소녀는 말을 타고 있다.
9. 남자는 창을 던지고 있다.
10. 여자는 여행 가방을 끌고 있다.

11. 내 자전거는 고쳐야한다. (고칠 필요가 있다)
12. 소포가 아직 배달되지 않았다.
13. 나는 그의 생각을 이해할 수 없다.
14. 나는 온종일 일을 해서 매우 피곤하다.
15. 우리 할머니는 종종 재미있는 이야기를 해 주셨다.

16. 사람들이 교통 체증에 걸렸다.
17. 큰 나무가 바람에 흔들리고 있다.
18. 공장에서 많은 연기가 나오고 있다.
19. 바람에 여자의 우산이 뒤집혀졌다.
20. 우체부가 자신의 담당구역에서 편지를 배달하고 있다.

Day 10   p. 70

6. 소년은 아이스크림을 떨어트렸다.
7. 여자가 음식을 준비하고 있다.
8. 차가 도로표지판과 충돌했다.
9. 집 앞에 큰 나무가 있다.
10. 그들은 사진첩을 보고 있다.

11. 우리는 자명종 시계를 오전 5시에 맞추어야 한다.
12. 그들은 그리스 여행에서 지난 주 돌아왔다.
13. 그 산골 마을에는 다섯 가구만 살고 있다. (... 으로 구성된다)
14. 우리는 그 계곡에 여름 별장을 지으려 한다.
15. 많은 사람들이 표를 사기 위해 극장 밖에서 줄을 서있다.

16. 사진사가 사진을 찍고 있다.
17. 남자는 차를 고치려 하고 있다.
18. 사람들이 도서관에서 책을 읽고 있다.
19. 여자가 콘서트에서 피아노를 연주하고 있다.
20. 여자아이가 대답을 하려고 손을 들고 있다.

6. 소녀는 양팔을 넓게 벌린다.
7. 남자는 모자를 들어 올린다.
8. 안내견이 맹인을 인도한다.
9. 소녀는 울음을 터뜨리고 있다.
10. 가운데 소년은 모자를 쓰고 있다.

11. 제이슨은 하루 더 머물기로 결정했다.
12. 그 과제는 당신에게 힘든 도전이 될 것이다.
13. 농구는 대한민국에서 인기있는 스포츠이다.
14. 우리는 부상자들을 병원으로 옮기기 위해 더 많은 구급차가 필요하다.
15. 많은 학교에서 학생들에게 수영하는 법을 가르친다.

16. 소년은 감기에 걸려 침대에 있다.
17. 화가는 그림을 그리고 있다.
18. 숲에 좁은 길이 있다.
19. 간호사가 환자를 돌보고 있다.
20. 소년은 시험 결과에 만족한다.

6. 그는 상을 받았다.
7. 새 한 마리가 남자의 어깨에 앉는다.
8. 소녀는 부지런하다.
9. 소년은 아침 일찍 일어났다.
10. 남자는 담장을 칠하고 있다.

11. 하늘은 맑고 비가 올 징후는 없다.
12. 만약 문제가 생긴다면 내가 처리할 것이다.
13. 톰이 방에 들어왔을 때, 그는 가스 냄새를 맡았다.
14. 그녀가 그 소식을 들었을 때, 그녀의 얼굴이 창백해졌다.
15. 어떤 사람들은 검은 고양이를 불행의 상징으로 여긴다.

16. 개구리가 연못으로 뛰어든다.
17. 아이들이 호수에서 수영을 하고 있다.
18. 여자는 열쇠를 차 안에 두고 내렸다.
19. 소녀는 야채 음식을 먹고 있다.
20. 남자는 컴퓨터에 커피를 쏟았다.

Day 13 p. 88

6. 아이들이 모래성을 쌓고 있다.
7. 소녀는 풍선에 물을 채우고 있다.
8. 소년은 버스를 놓쳤다.
9. 우체부가 편지를 배달한다.
10. 남자는 문을 잠그려 한다.

11. 2 더하기 3은 5이다.
12. 이 과일은 달고 시다.
13. 식물은 태양 에너지를 이용해서 당분을 만든다.
14. 우리는 방학 중에 일본으로 여행을 갈 계획이다.
15. 테니스를 치기 전에 근육을 풀어야 한다.

16. 개구리들이 물에서 수영하고 있다.
17. 도둑이 금고를 열려고 하고 있다.
18. 농부가 들판에 씨를 뿌린다.
19. 소녀는 여름 열기에 현기증을 느낀다.
20. 남자는 중심을 잃고 땅바닥에 넘어졌다.

Day 14 p. 94

6. 거리는 교통이 혼잡하다.
7. 남자는 목이 말라 보인다.
8. 소년은 젖은 마루에서 미끄러졌다.
9. 남자가 여자의 지갑을 훔치고 있다.
10. 소년은 실수로 꽃병을 깨뜨렸다.

11. 이 제품은 고품질이다.
12. 그녀는 내게 유용한 정보를 주었다.
13. 이 판자는 당신의 체중을 지탱할 만큼 충분히 강하다.
14. 자넷은 3개월 후 건강을 완전히 회복했다.
15. 내 전화기는 완전히 꺼졌다, 그래서 충전을 해야 한다.

16. 남자는 물이 새는 수도관을 고치려 한다.
17. 소년은 자전거를 타다가 넘어져 무릎을 다쳤다.
18. 소녀는 마루의 모래를 치우고 있다. (쓸고 있다)
19. 경찰이 절도범을 체포했다.
20. 소녀가 확대경으로 식물을 관찰한다.

Day 15 p. 100

6. 남자는 가난해 보인다.
7. 여자는 음식에 소금을 첨가하고 있다.
8. 새가 날개를 펼친다.
9. 소년은 우체통에 편지를 넣고 있다.
10. 학생들이 함께 공부하고 있다.

11. 이 호수는 깊이가 약 30미터이다.
12. 우리집은 시내에서 몇 마일 떨어져 있다.
13. 이 목걸이는 할머니께 받은 생일 선물이다.
14. 쓸모 없는 일에 시간과 돈을 낭비해서는 안된다.
15. 도로 커브길에 접근하고 있으므로 속도를 줄여라.

16. 여자는 옷을 밖에다 널고 있다.
17. 남자는 사무실에서 휴식을 위해 차를 마시고 있다. (티 타임을 갖다)
18. 소녀는 옷 둘 중에서 하나를 고르려 하고 있다.
19. 헬기가 건물의 지붕 위에 착륙하고 있다.
20. 남자는 횃불을 손에 들고 앞으로 달려가고 있다.

6.   아기는 음식을 먹지 않으려 한다.
7.   보트는 바다를 향해 항해하고 있다.
8.   여자는 위층으로 걸어가고 있다.
9.   일단의 사람들이 음악을 연주하고 있다.
10. 섬에 별장이 있다.

11. 내 관점에서는 그가 옳다.
12. 그의 제안은 고려해볼 가치가 있다.
13. 지하철은 대중 교통의 하나이다.
14. 공급과 수요는 밀접한 관계가 있다.
15. 당신은 일벌 한 마리가 평생동안 꿀을 얼마나 만드는지 알고
     있나요?

16. 남자는 무거운 상자를 들어 올리려고 애쓰고 있다.
17. 남자는 빨래통을 운반하고 있다.
18. 남자는 가라앉는 배에서 탈출하고 있다.
19. 한 무리의 아이들이 속삭이며 이야기하고 있다.
20. 여자는 현금지급기에서 현금을 인출하고 있다.

6.   아기들은 매우 닮았다.
7.   여자 경찰이 권총을 들고 있다.
8.   남자는 아이의 키를 잰다.
9.   소녀가 원을 그리고 있다.
10. 요리사가 피자를 굽고 있다.

11. 봄은 내가 가장 좋아하는 계절이다.
12. 나의 형은 졸업 후 해군에 입대했다.
13. 많은 별들은 육안으로는 보이지 않는다.
14. 당신의 성공은 당신이 얼마나 열심히 하는가에 달려있다.
15. 이 정원의 나무는 여름에 쾌적한 그늘을 만든다.

16. 언덕 위에 성이 있다.
17. 군인들이 깃발에 경례하고 있다.
18. 소녀는 탁자위의 먼지를 제거하고 있다.
19. 사업가들이 회의에 참석하고 있다.
20. 소년은 나무그늘 아래 앉아 있다.

Day 18 p. 118

6. 소년은 자신의 몸무게를 잰다.
7. 소녀는 화가 나 보인다.
8. 소년은 곤충을 수집하고 있다.
9. 남자는 공구 상자를 들고 있다.
10. 사람들이 야외 카페에 앉아있다.

11. 그녀는 케익의 마지막 남은 조각을 먹었다.
12. 도서관에서 소리를 내서는 안된다.
13. 네 잎 클로버는 행운의 상징이다.
14. 관객들이 야구 경기를 관람하고 있다.
15. 그 회사는 시간제 또는 임시직 직원을 고용하려 한다.

16. 남자는 초상화를 그리고 있다.
17. 공이 선수의 머리에 맞았다.
18. 식당에서 웨이터가 음식을 서빙하고 있다.
19. 남자는 주차금지 구역에 주차를 했다.
20. 소년들이 나무 그늘에서 휴식을 취하고 있다.

Day 19 p. 124

6. 아이들이 눈싸움을 하고 있다.
7. 소녀는 엄마로부터 선물 상자를 받는다.
8. 사람들이 고대 유적을 방문하고 있다.
9. 갤러리에서 현대 미술 작품을 전시한다.
10. 도표는 판매가 급격히 증가하고 있음을 보여준다.

11. 나는 당신에게 기회를 한 번 더 주겠다.
12. 나는 안경 없이 읽을 수 없다.
13. 그 프로젝트는 자금 부족으로 실패했다.
14. 나는 봉투 뒷면에 반송용 주소를 기록했다.
15. 로그인을 하려면 타당한 사용자명과 패스워드를 입력해야 한다.

16. 남자는 아이들에게 조용히 할 것을 당부하고 있다.
17. 지진이 많은 건물들을 손상시켰다.
18. 여자가 전기 검침을 하고 있다.
19. 식당에서 웨이터가 손님을 접대하고 있다.
20. 남자는 햇빛이 들어 올 수 있게 커튼을 옆으로 젖히고 있다.

Day 20 p. 130

6. 그녀는 이기적이다.
7. 소녀는 거미를 무서워한다.
8. 그는 급한 일이 있어 보인다.
9. 여자는 해외로 간다.
10. 남자는 단서를 찾으려 하고 있다.

11. 남자는 화를 참으려 애쓰고 있다.
12. 누구도 그가 있는 것을 알지 못했다.
13. 그 마을은 산기슭에 위치해 있다.
14. 사고 후, 그녀는 일시적인 기억 상실에 걸렸다.
15. 폭설로 인해 세 시간 지연될 것이다.

16. 소녀는 바이올린 레슨을 받는다.
17. 사람들이 투표하기 위해 줄을 서있다.
18. 여자가 아기를 안고 있다.
19. 지루해서, 그는 양팔을 벌리고 하품을 했다.
20. 청년은 캠핑을 가기 위해 장비를 꾸리고 있다.

6. 소년은 피부에 화상자국이 있다.
7. 남자는 금고를 열려고 하고 있다.
8. 남자는 어깨에 통증이 있다.
9. 농부는 수확물로 행복해 보인다.
10. 일기예보는 날씨가 덥고 맑을 것이라고 말한다.

11. 어떤 일이 있어도 우리는 그를 도와주어야 한다.
12. 저 나무는 나의 어린시절을 생각나게 한다.
13. 어린이의 조기 교육은 집에서 시작된다.
14. 나이가 든다고 모든 이가 현명해지는 것은 아니다.
15. 그녀는 건강검진 결과를 매우 알고 싶어한다.

16. 남자는 나뭇가지를 다듬고 있다.
17. 소년은 소녀를 개로부터 보호하고 있다.
18. 소년은 병원에서 건강검진을 받고 있다.
19. 경찰은 남자에게 운전 면허증을 보여줄 것을 요구하고 있다.
20. 여자는 무거운 것을 들 수 있을 정도로 강하다.

6. 날씨는 부분적으로 흐리다.
7. 남자는 큰소리로 웃고 있다.
8. 학생들은 과학 수업 중이다.
9. 요리사는 수프를 맛보고 있다.
10. 해가 하늘에서 밝게 빛나고 있다.

11. 오늘은 누가 근무인가요?
12. 근처에 은행이 있으면 편리하다.
13. 당신은 여가 시간에 무엇을 하나요?
14. 우리는 자연과 조화를 이루며 살아야 한다.
15. 행복과 부가 항상 함께 오는 것은 아니다.

16. 남자가 폭우 속을 걷고 있다.
17. 사냥꾼이 새를 총으로 겨누고 있다.
18. 여자가 아기의 안전벨트를 채우고 있다.
19. 소녀가 썰매를 타고 눈이 덮인 언덕을 내려오고 있다.
20. 쥐 한 마리가 쥐덫에 놓인 치즈 조각을 바라보고 있다.

Day 23 p. 148

6. 소년이 진흙탕에 빠져 있다.
7. 남자는 벽에 기대고 있다.
8. 남자는 표적에 총을 겨누고 있다.
9. 소년은 백지 한 장을 들고 있다.
10. 언덕 위에 고성이 있다.

11. 다리 아래로 강이 흐른다.
12. 우리는 그 프로젝트를 위한 충분한 자금이 있다.
13. 변경사항이 있다면 나에게 계속해서 알려 주세요.
14. 생활비를 줄이기 위한 여러 가지 방법이 있다.
15. 의장은 회의에서 새로운 계획을 제안했다.

16. 여자가 옷을 디자인하고 있다.
17. 군인들이 전투에 참가하고 있다.
18. 남자는 청중에게 연설을 하고 있다.
19. 남자는 컴퓨터를 부수려 한다.
20. 아이들이 함께 조각그림을 맞추고 있다.

Day 24 p. 154

6. 새들이 둥지에 앉아 있다.
7. 남자는 닻을 던지고 있다.
8. 남자는 나무에서 담쟁이 덩굴을 자르고 있다.
9. 오염은 도시의 큰 문제이다.
10. 남자는 보물을 파내고 있다.

11. 나는 우리가 그 제안을 받아들일 것을 제안한다.
12. 마가렛은 조쉬가 그녀를 도울 것이라 기대하지 않았다.
13. 토마스는 가족을 부양하기 위해 열심히 일하고 있다.
14. 타라는 아들에게 불 가까이 가지 말라고 경고했다.
15. 자금 부족으로 인해, 그 과학자는 자신의 연구를 계속할 수 없었다.

16. 학생들이 수학 수업을 듣고 있다.
17. 남자가 악기를 고치고 있다.
18. 여자는 소녀의 이마를 만지고 있다.
19. 남자가 지붕에 태양광 패널을 설치하고 있다.
20. 소년은 퍼즐 조각을 맞추고 있다.

Day 25 p. 160

6. 남자가 카메라 뒤에 서있다.
7. 거울이 여자의 얼굴을 비춘다.
8. 미 원주민이 말을 타고 있다.
9. 판사가 판결을 내리려 한다.
10. 의사가 환자에게 약을 주고 있다.

11. 나는 그 소식을 듣게 되어 기쁘다.
12. 어떤 꽃들은 가을에 핀다.
13. 큰 종이 상자들이 복도를 막고 있다.
14. 건강을 유지하기 위해 규칙적인 운동이 필요하다.
15. 나는 조쉬가 약속을 지킬 것이라 확신한다.

16. 우체부가 소포를 배달하고 있다.
17. 홍수로 마을 전체가 물에 잠겼다.
18. 아이들이 마술사를 둘러싸고 있다.
19. 소년은 나무를 심기위해 땅을 파고 있다.
20. 엔지니어가 전기 관리 공사를 하고 있다.

6. 개가 뼈 하나를 물고 있다.
7. 소년은 쇠고기 스테이크를 먹고 있다.
8. 남자는 어깨를 으쓱한다.
9. 소년은 왕성한 식욕을 갖고 있다.
10. 소년은 그릇을 씻고 있다.

11. 그는 작가로서 세계적으로 유명해졌다.
12. 우리는 자연 재해에 직면했을 때 무력하다.
13. 가격 인상은 다음 달부터 시행된다.
14. 존 회사의 본사는 워싱턴에 있다.
15. 나는 그 프로그램이 시간, 돈, 그리고 자원의 낭비라고 생각한다.

16. 소녀들이 바닷가에서 조개를 줍고 있다.
17. 잎들이 물 위를 떠다닌다.
18. 여자는 벤치의 가장자리에 앉아있다.
19. 남자는 신문기사를 보고 놀란다.
20. 여자는 공식 행사를 위해 이브닝 드레스를 입는다.

6. 모자를 장식하기 위해 깃털이 사용되었다.
7. 소년의 행동은 무례하다.
8. 남자는 문을 여는데 어려움을 겪고 있다.
9. 그들은 서로를 믿지 않는다.
10. 도표는 꾸준한 증가세를 보인다.

11. 그것은 사람들이 저지르는 흔한 실수이다.
12. 그의 업무는 컴퓨터 프로그래밍과 관련이 있다.
13. 내 생각에는 모든 상황이 정상으로 돌아 올 것이다.
14. 우유는 칼슘, 단백질, 그리고 비타민의 좋은 원천이다.
15. 그 도시의 인구는 최근 계속 증가하고 있다.

16. 남자는 심장발작을 일으키는 것 같다.
17. 접시에는 많은 사탕이 있다.
18. 소년은 욕심이 많아 케익을 다른 사람들과 나누어 먹지 않으려 한다.
19. 학교에서 운동회가 열리고 있다.
20. 두 사람은 서로 예의를 차리며 악수를 한다.

Day 28   p. 178

6. 여행객이 지도를 보고 있다.
7. 야구 선수가 실수를 했다.
8. 남자는 무거운 물체를 들려고 하고 있다.
9. 권투선수가 상대방을 물리쳤다.
10. 여자가 책장에서 책을 고르고 있다.

11. 유명인사들은 거의 사생활을 가질 수 없다.
12. 그의 빚은 거의 백만 달러에 달한다.
13. 그 기금은 그가 연구를 완성하게 했다.
14. 그 회사가 설립된 후 70년이 되었다.
15. 1776년 7월 4일 미국은 영국으로부터 독립을 선언했다.

16. 소년은 피자를 전부 먹으려 한다.
17. 소녀는 도서관에서 책을 빌리고 있다.
18. 운전자는 눈에서 빠져나오려 애쓰고 있다.
19. 올리브 가지와 비둘기는 평화를 상징한다.
20. 두 사업가가 계약에 서명한 후 악수를 하고 있다.

Day 29   p. 184

6. 소녀는 거미를 무서워한다.
7. 남자는 아주 작은 물고기 한 마리를 잡았다.
8. 소년은 깜짝 선물을 받았다.
9. 남자는 회의에 참석하려 서두른다.
10. 소녀는 들꽃을 바라보고 있다.

11. 나는 그것을 당신에게 속달로 보낼 것이다.
12. 그는 부모님에게서 독립하기를 원한다.
13. 이 기념비는 그 시인을 기념하기 위해 지어졌다.
14. 나는 그의 제안이 처음부터 마음에 들었다.
15. 그녀가 무죄라는 것이 명백해졌다.

16. 말이 마차를 끌고 있다.
17. 아이들이 같은 방향으로 달리고 있다.
18. 그들은 수화로 대화하고 있다.
19. 낡은 목선이 바다 밑에 가라앉아 있다.
20. 늑대가 양의 가죽을 쓰고 양인 척 하고 있다.

Day 30
p. 190

6. 남자는 두꺼운 책을 읽고 있다.
7. 소녀는 수수께끼를 맞추려 하고 있다.
8. 남자는 청중을 설득하려 하고 있다.
9. 상품들이 창고에 저장되어 있다.
10. 전쟁이 도시를 폐허로 만들었다.

11. 수단과 목적을 혼동해서는 안된다.
12. 그가 회사를 설립한 후 10년이 지났다.
13. 이 문제에 관해서 우리는 다음 주 다시 논의할 것이다.
14. 가격은 수요와 공급의 상호 작용에 의존한다.
15. 그 회사의 최고 경영자는 다음 달 사임할 것이다.

16. 남자는 마루의 먼지를 제거하고 있다.
17. 그들은 서로 노려보고 있다.
18. 소녀는 신선한 공기를 마신 후 기분이 상쾌해진다.
19. 군인들이 적을 공격하기 위해 전진하고 있다.
20. 여자는 식료품 가게에서 음식을 쇼핑하고 있다.

Review Test Answer

Review Test 1 (Day 01 – 05)

p. 192

1. b 2. c 3. d 4. a 5. e 6. a 7. b 8. b 9. b 10. a
11. b 12. e 13. a 14. d 15. c
16. C 17. A 18. E 19. D 20. B

* 16 – 20 Listening Text

16. The girl is feeding her chickens.
17. A traveler is looking at the map.
18. The boy is carrying an armful of books.
19. The boy is bending his body backward.
20. The girl is trying to balance herself on one leg.

Review Test 2 (Day 06 – 10)

p. 194

1. b 2. a 3. e 4. c 5. d 6. a 7. b 8. a 9. a 10. b
11. b 12. e 13. d 14. a 15. c
16. B 17. C 18. E 19. D 20. A

* 16 – 20 Listening Text

16. The policeman is chasing a criminal.
17. The chef is adding salt to the saucepan.
18. The woman is playing the piano at the concert.
19. The wind blew the lady's umbrella inside out.
20. The soldier was shot and seriously wounded.

Review Test 3 (Day 11 – 15)

p. 196

1. c 2. b 3. a 4. e 5. d 6. a 7. b 8. a 9. a 10. b
11. d 12. a 13. b 14. e 15. c
16. B 17. A 18. E 19. C 20. D

16. The man spilt coffee on his laptop.
17. The boy is satisfied with his exam result.
18. The girl is trying to choose between two dresses.
19. The man lost his balance and fell to the ground.
20. The girl observes the plant through a magnifying glass.

Review Test 4 (Day 16 – 20)   p. 198

1. d   2. c   3. e   4. a   5. b   6. a   7. b   8. b   9. b   10. a
11. d   12. a   13. e   14. c   15. b
16. B   17. E   18. A   19. C   20. D

* 16 – 20 Listening Text

16. The girl is removing dust on the table.
17. The woman is holding a child in her arms.
18. A group of children are talking in a whisper.
19. The boys are taking a rest in the shade of a tree.
20. The man is pushing curtains aside to let the sunshine in.

Review Test 5 (Day 21 – 25)   p. 200

1. b   2. e   3. a   4. c   5. d   6. b   7. b   8. a   9. b   10. a
11. b   12. c   13. e   14. a   15. d
16. D   17. A   18. C   19. E   20. B

* 16 – 20 Listening Text

16. The woman is touching the girl's forehead.
17. The man is trimming the tree's branches.
18. The man is going to destroy his computer.
19. The boy is digging the ground to plant a tree.
20. The woman is fastening the baby's seatbelt.

1. c 2. d 3. a 4. e 5. b 6. b 7. b 8. a 9. a 10. b
11. d 12. e 13. a 14. c 15. b
16. B 17. D 18. E 19. A 20. C

* 16 – 20 Listening Text

16. There are plenty of candies in the dish.
17. The children are running in the same direction.
18. The man is getting rid of the dust on the floor.
19. The woman is sitting on the edge of the bench.
20. The driver is struggling to get out of the snow.

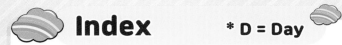

Index

* D = Day

belong	D3	calm	D2
below	D24	candle	D2
bend	D4	care	D12
bike	D3	carry	D5
birth	D11	cash	D16
blank	D23	castle	D17
bless	D29	catch	D8
blind	D11	center	D7
bloom	D25	chance	D19
boil	D8	charge	D26
bone	D26	chief	D30
boring	D6	choose	D15
borrow	D28	circle	D17
bottle	D4	clear	D12
bottom	D29	climb	D6
brain	D12	close	D6
branch	D21	cloudy	D22
break	D15	clue	D20
bridge	D1	common	D27
bright	D22	communicate	D29
bring	D7	company	D23
build	D13	concert	D10
burn	D21	conclude	D26
bush	D7	confident	D25
business	D24	confuse	D30
busy	D14	control	D20
buy	D8	cook	D1
		cool	D1

C

cage	D5	cooperate	D23
		cost	D21

cough	D11	dish	D26
cover	D8	draw	D29
crash	D10	dream	D4
create	D19	drop	D10
crowd	D7	dry	D15
curve	D15	duty	D22

D		E	
damage	D19	each	D16
dark	D2	early	D12
deal	D28	earth	D22
debt	D28	easy	D4
decide	D11	edge	D26
declare	D28	education	D21
decrease	D17	effect	D26
deep	D15	effort	D2
delay	D20	electricity	D19
delight	D25	empty	D7
deliver	D13	enable	D28
demand	D30	energy	D13
depend	D17	enemy	D30
design	D23	engineer	D25
destroy	D23	enough	D21
diary	D5	equal	D13
dig	D25	error	D28
different	D13	exchange	D3
diligent	D12	excited	D7
dine	D4	exit	D18
direction	D29	expect	D24
discuss	D3	explore	D3

express	D29	forest	D2
every day	D4	foreign	D29
event	D27	found	D28
		frog	D13
F		front	D10
face	D12	fruit	D8
fact	D20	future	D16
factory	D9		
fair	D28	**G**	
familiar	D4	gentle	D19
famous	D4	gift	D15
fast	D2	graduate	D7
fasten	D22	grass	D8
fat	D6	greedy	D27
favor	D27	ground	D13
favorite	D17	grow	D2
fear	D29	goods	D30
feather	D27	govern	D29
feed	D3	group	D16
fence	D3	guess	D20
fight	D19	gun	D17
figure	D28	gym	D6
fill	D13		
fitness	D6	**H**	
fix	D4	habit	D2
float	D26	hand	D10
flood	D25	handshake	D5
flow	D23	happiness	D14
fog	D4	harbor	D3
forecast	D21	hard	D5

harmony	D22	inform	D23
harvest	D21	insect	D18
health	D15	instead	D21
heart	D27	instrument	D24
heat	D13	invite	D2
heavy	D6	island	D16
height	D17	ivy	D24
helpful	D4		

J

helpless	D26	join	D18
hide	D6	journey	D3
history	D23	judge	D25
hit	D18		

K

hobby	D24	keep	D8
hold	D20	key	D12
honey	D16	kingdom	D27
honor	D29	knee	D4
hospital	D11		
hungry	D1		

L

hunter	D22	lack	D19
hurry	D6	ladder	D1
hurt	D14	lake	D12
hut	D25	land	D15
		laugh	D22
		laundry	D16

I

ignore	D2	leaf	D8
ill	D11	leak	D14
imagine	D17	leap	D12
improve	D20	lesson	D20
increase	D19		
independent	D29		

letter	D1	merchant	D18
level	D26	middle	D11
library	D10	midnight	D4
license	D21	mild	D6
life	D11	miss	D13
lift	D16	mistake	D7
liquid	D14	modern	D19
lock	D13	mouse	D22
logical	D24	mud	D23
lose	D4	museum	D10
loud	D3	muscle	D13
luck	D12	musician	D1
		mystery	D21

M

mad	D9		
magic	D1		
mail	D15		
main	D26		
manner	D28		
map	D1		
march	D5		
match	D7		
math	D24		
maybe	D5		
meal	D10		
mean	D2		
meat	D10		
medical	D21		
medicine	D25		
memory	D20		

N

narrow	D11
native	D25
navy	D17
nearby	D22
necessary	D20
need	D9
nest	D24
noble	D30
noise	D18
noisy	D6
normal	D27
nowadays	D8
nurse	D11

O

obey	D13	patient	D11
object	D28	past	D21
observe	D14	path	D3
obvious	D29	peace	D28
occasion	D26	perfect	D13
occur	D29	perform	D16
ocean	D12	permit	D2
offer	D9	persuade	D30
office	D4	pet	D5
official	D17	photo	D10
often	D9	photographer	D10
opinion	D30	physical	D25
ordinary	D16	pick	D7
original	D21	piece	D18
outdoor	D18	pitch	D13
outstanding	D6	plane	D1
overseas	D20	plant	D7
owe	D26	pleasant	D17
		plenty	D27

P

pack	D20	police	D7
package	D25	pollution	D24
pain	D7	poor	D15
paint	D12	popular	D11
palace	D23	population	D27
parade	D22	portrait	D18
park	D6	possible	D27
pass	D4	post	D9
passenger	D3	potato	D12
passport	D3	practice	D5
		pretend	D29

satisfy	D11	sink	D16
save	D7	sleep	D1
scare	D20	slide	D22
schedule	D3	smell	D12
scholar	D17	smoke	D9
science	D22	smooth	D1
search	D7	solar	D24
seat	D4	soldier	D17
secret	D23	sometimes	D8
seed	D2	source	D27
seldom	D3	sow	D13
select	D28	spectator	D18
selfish	D20	speech	D23
serve	D19	spill	D12
several	D13	stair	D5
shade	D18	stare	D30
shadow	D17	stay	D1
shell	D26	steady	D27
shore	D12	steal	D14
short	D5	store	D30
shoulder	D12	storm	D22
shower	D15	struggle	D28
shrug	D26	subway	D9
sick	D6	successful	D20
sight	D2	suddenly	D8
sightseeing	D3	sufficient	D23
silent	D19	sugar	D15
similar	D2	suggest	D24
simple	D1	suitcase	D3
since	D30	sunshine	D19

support	D24	tired	D9
suppose	D27	together	D15
supply	D16	tomb	D25
sure	D30	tool	D18
surprise	D29	torch	D15
surround	D25	touch	D24
sweet	D13	tour	D8
symbol	D18	tourist	D8
system	D25	town	D17
		tradition	D25

T

tail	D7	traffic	D9
take	D7	travel	D5
talent	D2	treasure	D24
taste	D22	treat	D29
tax	D28	trip	D10
teach	D11	true	D16
tear	D11	trust	D27
telephone	D14	trouble	D27
temperature	D8	try	D6
temple	D23	twin	D6
temporary	D18	typical	D27
tend	D19		
theater	D10		
thermometer	D8		

U

thick	D30	umbrella	D9
thief	D13	understand	D9
thirsty	D14	universe	D22
throw	D9	unless	D6
tiny	D29	update	D23
		upset	D18
		upstairs	D16

교육부 지정
초등 기본 영단어
800

001 **a**
[ə/eɪ][어/에이]
art. (부정관사), 하나의

002 **about**
[əˈbaʊt][어바웃]
prep. ~에 대한,
adv. 약, 거의

003 **above**
[əˈbʌv][어버브]
prep. ~보다 위에

004 **academy**
[əˈkædəmi][어캐더미]
n. (특수 분야의) 학교

005 **accent**
[ˈæksent][액센트]
n. 말씨, 강세

006 **accident**
[ˈæksɪdənt][액씨던트]
n. 사고, 우연

007 **across**
[əˈkrɔːs][어크로:씨]
adv. 건너서,
prep. 가로질러

008 **act**
[ækt][액트]
n. 행동 v. 행동을 취하다

009 **add**
[æd][애드]
v. 첨가하다, 더하다

010 **address**
[ˈædres/əˈdres]
[애드레스/어드레스]
n. 주소, v. 주소를 쓰다

011
adult
[ə'dʌlt][어덜트]

n. 성인, 어른

012
adventure
[əd'ventʃə(r)][어드벤춰]

n. 모험

013
advise
[əd'vaɪz][어드바이즈]

v. 조언하다, 충고하다

014
afraid
[ə'freɪd][어프레이드]

adj. 두려워하는, 겁내는

015
after
['æftə(r)][애프터]

prep. 뒤에, 후에

016
afternoon
[ˌæftər'nuːn][애프터눈ː]

n. 오후

017
again
[ə'geɪn][어게인]

adv. 다시, 한 번 더

018
against
[ə'genst][어겐스트]

prep. ~에 반대하여

019
age
[eɪdʒ][에이쥐]

n. 나이, 연령

020
ago
[ə'goʊ][어고우]

adv. 전에

021	**agree** [əˈɡriː][어그리:]	v. 동의하다
022	**ahead** [əˈhed][어헤드]	adv. 앞으로, 앞에
023	**air** [er][에어]	n. 공기, 대기
024	**airplane** [ˈerpleɪn][에어플레인]	n. 비행기
025	**airline** [ˈerlaɪn][에어라인]	n. 항공사
026	**airport** [ˈerpɔːrt][에어포:트]	n. 공항
027	**all** [ɔːl][올:]	adj. 모든 n. 모두
028	**almost** [ˈɑːlmoʊst][올:모스트]	adv. 거의
029	**alone** [əˈloʊn][얼로운]	adj., adv. 혼자, 외로운
030	**along** [əˈlɔːŋ][얼롱:]	prep. ~을 따라

031 aloud
[əˈlaʊd][얼라우드]
adv. 소리 내어, 크게

032 already
[ɔːlˈredi][올:뤠디]
adv. 이미, 벌써

033 alright
[ɔːlˈraɪt][올:롸잇트]
adj., adv. 괜찮은

034 also
[ˈɔːlsoʊ][올:쏘]
adv. 또한, 게다가

035 always
[ˈɔːlweɪz][올:웨이즈]
adv. 항상, 언제나

036 A.M. / a.m.
[ˌeɪ ˈem][에이엠]
오전

037 and
[ænd][앤드]
conj. 그리고

038 angel
[ˈeɪndʒl][에인즐]
n. 천사

039 anger
[ˈæŋgə(r)][앵거]
n. 분노, 화

040 animal
[ˈænɪml][애니멀]
n. 동물

교육부 지정 초등 기본 영단어

041 another
[əˈnʌðə(r)][어나더]
adj., pron. 또 하나(의)

042 answer
[ˈænsə(r)][앤써]
n. 대답, 회신

043 ant
[ænt][앤트]
n. 개미

044 any
[ˈeni][에니]
adj., pron. 어느, 어떤

045 apple
[ˈæpl][애플]
n. 사과

046 area
[ˈeriə][에어리어]
n. 구역, 지역

047 arm
[ɑːrm][암ː]
n. 팔

048 around
[əˈraʊnd][어롸운드]
adv. 약, prep. 둘레에

049 arrive
[əˈraɪv][어롸이브]
v. 도착하다

050 art
[ɑːrt][아ː트]
n. 미술, 예술

051
as
[æz][애즈]

prep. ~처럼, ~로서

052
ask
[æsk][애스크]

v. 묻다, 요청하다

053
at
[æt][앳]

prep. ~에(서)

054
aunt
[ænt][앤트]

n. 고모, 이모, 숙모

055
away
[əˈweɪ][어웨이]

adv. 떨어져, 다른데(로)

056
baby
[ˈbeɪbi][베이비]

n. 아기, 새끼

057
back
[bæk][백]

n. 등, 허리, adj. 뒤쪽의

058
background
[ˈbækɡraʊnd][백그라운드]

n. 배경

059
bad
[bæd][배드]

adj. 나쁜, 안 좋은

060
bake
[beɪk][베이크]

v. 굽다

061 ball
[bɔːl][볼ː]
n. 공

062 balloon
[bəˈluːn][벌룬ː]
n. 풍선, 열기구

063 band
[bænd][밴드]
n. 밴드, 띠

064 bank
[bæŋk][뱅크]
n. 은행, 둑

065 base
[beɪs][베이스]
n. 기초, 토대, adj. 비열한

066 baseball
[ˈbeɪsbɔːl][베이스볼ː]
n. 야구

067 basic
[ˈbeɪsɪk][베이직]
adj. 기초적인, 근본적인

068 basket
[ˈbæskɪt][배스킷]
n. 바구니

069 basketball
[ˈbæskɪtbɔːl][배스킷볼ː]
n. 농구

070 bat
[bæt][뱃]
n. 방망이

071 bath
[bæθ][배쓰]
n. 욕조

072 bathroom
[ˈbæθrʊm][배쓰룸]
n. 욕실, 화장실

073 battery
[ˈbætəri][배러리]
n. 배터리

074 battle
[ˈbætl][배틀]
n. 전투

075 be
[biː][비ː]
v. 있다, 이다

076 beach
[biːtʃ][비ː취]
n. 해변

077 bean
[biːn][빈ː]
n. 콩

078 bear
[ber][베어]
n. 곰, v. 참다, 견디다

079 beauty
[ˈbjuːti][뷰ː티]
n. 미, 아름다움

080 because
[brˈkɔːz][비코우즈]
conj. ~때문에

081	**become** [bɪˈkʌm][비컴]	v. ~이 되다
082	**bed** [bed][베드]	n. 침대
083	**bedroom** [ˈbedrʊm][베드룸]	n. 침실
084	**bee** [biː][비:]	n. 벌
085	**beef** [biːf][비:프]	n. 소고기
086	**before** [bɪˈfɔː(r)][비포:]	prep. 전에
087	**begin** [bɪˈgɪn][비긴]	v. 시작하다
088	**behind** [bɪˈhaɪnd][비하인드]	prep., adv. 뒤에
089	**believe** [bɪˈliːv][빌리:브]	v. 믿다
090	**bell** [bel][벨]	n. 종

091 **below**
[bɪˈloʊ][빌로우]

prep., adv. 아래에

092 **beside**
[bɪˈsaɪd][비싸이드]

prep. 옆에

093 **between**
[bɪˈtwiːn][비트윈:]

prep. 사이에

094 **bicycle**
[ˈbaɪsɪkl][바이씨클]

n. 자전거

095 **big**
[bɪg][빅]

adj. 큰

096 **bill**
[bɪl][빌]

n. 계산서, 지폐

097 **bird**
[bɜːrd][버:드]

n. 새

098 **birth**
[bɜːrθ][벌:쓰]

n. 탄생

099 **birthday**
[ˈbɜːrθdeɪ][벌:쓰데이]

n. 생일

100 **bite**
[baɪt][바이트]

v. 물다

101 **black**
[blæk][블랙]
adj. 검은, n. 검은색

102 **block**
[blɑːk][블락:]
n. 사각형 덩어리, v. 막다

103 **blood**
[blʌd][블러드]
n. 피

104 **blue**
[bluː][블루:]
adj. 파란, n. 파란색

105 **board**
[bɔːrd][보:드]
n. 판자

106 **boat**
[boʊt][보우트]
n. 배, 보트

107 **body**
['bɑːdi][바:디]
n. 몸

108 **bomb**
[bɑːm][밤:]
n. 폭탄

109 **bone**
[boʊn][보운]
n. 뼈

110 **book**
[bʊk][북]
n. 책, v. 예약하다

111
boot
[buːt][부ː트]

n. 부츠

112
borrow
['baːroʊ][바ː로우]

v. 빌리다

113
boss
[bɔːs][보ː스]

n. 상관, 상사

114
both
[boʊθ][보우쓰]

adj., pron. 둘 다(의)

115
bottle
['baːtl][바ː틀]

n. 병

116
bottom
['baːtəm][바ː텀]

n. 맨 아래

117
bowl
[boʊl][보울]

n. 그릇, 통

118
boy
[bɔɪ][보이]

n. 소년

119
brain
[breɪn][브레인]

n. 뇌

120
brake
[breɪk][브레이크]

n. 제동장치, 브레이크

121 **branch**
[bræntʃ][브랜치]
n. 나뭇가지, 분점

122 **brand**
[brænd][브랜드]
n. 상표, 브랜드

123 **brave**
[breɪv][브레이브]
adj. 용감한

124 **bread**
[bred][브레드]
n. 빵

125 **break**
[breɪk][브레이크]
v. 깨어지다, 깨다,
n. 휴식 시간

126 **breakfast**
[ˈbrekfəst][브렉퍼스트]
n. 아침식사

127 **bridge**
[brɪdʒ][브릿쥐]
n. 다리

128 **bright**
[braɪt][브라이트]
adj. 밝은, 똑똑한

129 **bring**
[brɪŋ][브링]
v. 가지고 오다

130 **brother**
[ˈbrʌðə(r)][브라더]
n. 남자형제

131 brown
[braʊn][브라운]

n., adj. 갈색(의)

132 brush
[brʌʃ][브러쉬]

n. 붓

133 bubble
[ˈbʌbl][버블]

n. 거품

134 bug
[bʌg][벅]

n. 작은 곤충, 벌레

135 build
[bɪld][빌드]

v. 건축하다, 짓다

136 burn
[bɜːrn][번ː]

v. 타다, 불사르다

137 business
[ˈbɪznəs][비즈니스]

n. 사업, 상업, 장사

138 busy
[ˈbɪzi][비지]

adj. 바쁜

139 but
[bʌt][벗]

conj. 그러나

140 button
[ˈbʌtn][버튼]

n. 단추

141
buy
[baɪ][바이]

v. 사다

142
by
[baɪ][바이]

prep. ~옆에, ~가 한, ~로

143
cage
[keɪdʒ][케이쥐]

n. 새장, 우리

144
calendar
[ˈkælɪndə(r)][캘린더]

n. 달력

145
call
[kɔːl][콜ː]

v. ~라고 부르다,
n. 전화, 외침

146
calm
[kɑːm][캄ː]

adj. 침착한, 차분한,
v. 진정시키다

147
can
[kæn][캔]

v. ~할 수 있다, n. 깡통

148
candy
[ˈkændi][캔디]

n. 사탕

149
cap
[kæp][캡]

n. 모자

150
captain
[ˈkæptɪn][캡틴]

n. 선장

151 **car**
[kɑː(r)][카:]

n. 자동차

152 **care**
[ker][케어]

n. 돌봄, 조심, 주의

153 **carrot**
[ˈkærət][캐롯]

n. 당근

154 **carry**
[ˈkæri][캐리]

v. 나르다

155 **cart**
[kɑːrt][카:트]

n. 수레, 손수레

156 **case**
[keɪs][케이스]

n. 경우, 상자

157 **cash**
[kæʃ][캐쉬]

n. 현금

158 **castle**
[ˈkæsl][캐슬]

n. 성

159 **cat**
[kæt][캣]

n. 고양이

160 **catch**
[kætʃ][캐취]

v. 잡다

161 certain
['sɜːrtn][썰튼]
adj. 확실한, 확신하는

162 chain
[tʃeɪn][체인]
n. 사슬, 쇠줄

163 chair
[tʃer][체어]
n. 의자

164 chance
[tʃæns][챈스]
n. 기회

165 change
[tʃeɪndʒ][체인쥐]
v. 바꾸다, 바뀌다, n. 변화

166 cheap
[tʃiːp][칩]
adj. 싼, 저렴한

167 check / cheque
[tʃek][체크]
n. 수표

168 child
[tʃaɪld][촤일드]
n. 어린이

169 choose
[tʃuːz][츄:즈]
v. 고르다

170 church
[tʃɜːrtʃ][처:치]
n. 교회

171
cinema
['sɪnəmə][씨네마]
n. 영화관, 영화

172
circle
['sɜːrkl][써:클]
n. 원

173
city
['sɪti][씨티]
n. 도시

174
class
[klæs][클래스]
n. 학급, 수업

175
classroom
['klæsruːm][클래스룸:]
n. 교실

176
clean
[kliːn][클린:]
adj. 깨끗한

177
clear
[klɪr][클리어]
adj. 분명한, 확실한

178
clerk
[klɜːrk][클럭:]
n. 점원

179
clever
['klevə(r)][클레버]
adj. 영리한

180
climb
[klaɪm][클라임]
v. 오르다

181

clip
[klɪp][클립]

n. 핀, 클립

182

clock
[klɑːk][클락:]

n. 시계

183

close
[kloʊz/kloʊs]
[클로우즈/클로우스]

v. 닫다, adj. 가까운

184

cloth
[klɔːθ][클로:쓰]

n. 천, 옷감

185

cloud
[klaʊd][클라우드]

n. 구름

186

club
[klʌb][클럽]

n. 클럽, 동호회

187

coin
[kɔɪn][코인]

n. 동전, 주화

188

cold
[koʊld][코울드]

adj. 추운, n. 추위

189

collect
[kəˈlekt][컬렉트]

v. 모으다

190

college
[ˈkɑːlɪdʒ][칼:리쥐]

n. 대학

191

color / colour
['kʌlə(r)][컬러]

n. 색깔

192

come
[kʌm][컴]

v. 오다

193

comedy
['kɑːmədi][커:메디]

n. 희극

194

company
['kʌmpəni][컴퍼니]

n. 회사, 함께 있음

195

concert
['kɑːnsərt][콘:써트]

n. 연주회, 콘서트

196

condition
[kənˈdɪʃn][컨디션]

n. 상태

197

congratulate
[kənˈɡrætʃuleɪt]
[컹그래출레이트]

v. 축하하다

198

contest
['kɑːntest][컨:테스트]

n. 대회, 시합

199

control
[kənˈtroʊl][컨트롤]

n. 지배, v. 지배하다

200

cook
[kʊk][쿡]

n. 요리사, v. 요리하다

201
cookie / cooky
[ˈkʊki][쿠키]

n. 과자

202
cool
[kuːl][쿨:]

adj. 시원한, 서늘한,
v. 식다, 식히다

203
copy
[ˈkɑːpi][카:피]

n. 복사(본), v. 복사하다

204
corner
[ˈkɔːrnə(r)][코:너]

n. 모서리, 모퉁이

205
cost
[kɔːst][코:스트]

n. 값, 비용

206
cotton
[ˈkɑːtn][코:튼]

n. 목화, 면직물

207
could
[kʊd][쿠드]

v. (can의 과거형)

208
country
[ˈkʌntri][컨츄리]

n. 국가, 나라, 지역

209
countryside
[ˈkʌntrisaɪd][컨츄리싸이드]

n. 시골 지역

210
couple
[ˈkʌpl][커플]

n. 두 사람

211 cousin
[ˈkʌzn][커즌]

n. 사촌

212 cover
[ˈkʌvə(r)][커버]

v. 씌우다, 덮다, n. 덮개

213 cow
[kaʊ][카우]

n. 암소, 젖소

214 crazy
[ˈkreɪzi][크레이지]

adj. 정상이 아닌

215 cross
[krɔːs][크로:스]

n. 십자, 십자가, v. 건너다

216 crowd
[kraʊd][크라우드]

n. 사람들, 군중

217 crown
[kraʊn][크라운]

n. 왕관

218 cry
[kraɪ][크라이]

v. 울다, 외치다

219 culture
[ˈkʌltʃə(r)][컬쳐]

n. 문화

220 curious
[ˈkjʊriəs][큐리어스]

adj. 궁금한, 호기심이 많은

221 **curtain**
['kɜːrtn][커:튼]
n. 커튼

222 **customer**
['kʌstəmə(r)][커스터머]
n. 고객, 손님

223 **cut**
[kʌt][컷]
v. 베다, 자르다, n. 상처

224 **cute**
[kjuːt][큐:트]
adj. 귀여운

225 **cycle**
['saɪkl][싸이클]
n. 자전거, 순환

226 **dad**
[dæd][댇]
n. 아빠

227 **dance**
[dæns][댄스]
n. 춤

228 **danger**
['deɪndʒə(r)][데인져]
n. 위험

229 **dark**
[dɑːrk][다:크]
adj. 어두운, 캄캄한

230 **date**
[deɪt][데이트]
n. 날짜

231 daughter
['dɔːtə(r)][도우러]
n. 딸

232 day
[deɪ][데이]
n. 하루, 날

233 dead
[ded][데드]
adj. 죽은

234 death
[deθ][데쓰]
n. 죽음

235 decide
[dɪˈsaɪd][디싸이드]
v. 결정하다

236 deep
[diːp][딥ː]
adj. 깊은

237 delicious
[dɪˈlɪʃəs][딜리셔스]
adj. 맛있는

238 dentist
[ˈdentɪst][덴티스트]
n. 치과의사

239 design
[dɪˈzaɪn][디자인]
n. 디자인

240 desk
[desk][데스크]
n. 책상

241 **dialogue / dialog**
['daɪəlɔːg][다이얼로:그]
n. 대화

242 **diary**
['daɪəri][다이어리]
n. 수첩, 일기

243 **die**
[daɪ][다이]
v. 죽다

244 **different**
['dɪfrənt][디퍼런트]
adj. 다른

245 **difficult**
['dɪfɪkəlt][디피컬트]
adj. 어려운

246 **dinner**
['dɪnə(r)][디너]
n. 저녁식사

247 **dirty**
['dɜːrti][더:티]
adj. 더러운, 지저분한

248 **discuss**
[dɪ'skʌs][디스커스]
v. 논의하다

249 **dish**
[dɪʃ][디쉬]
n. 접시, 설거지감, 요리

250 **divide**
[dɪ'vaɪd][디바이드]
v. 나누다

251
do
[duː][두ː]
v. 하다

252
doctor
[ˈdɑːktə(r)][닥ː터]
n. 의사

253
dog
[dɔːg][독ː]
n. 개

254
doll
[dɑːl][돌ː]
n. 인형

255
dolphin
[ˈdɑːlfɪn][돌ː핀]
n. 돌고래

256
door
[dɔː(r)][도ː어]
n. 문

257
double
[ˈdʌbl][더블]
adj. 두 배의

258
down
[daʊn][다운]
adv. 아래로, 아래에

259
draw
[drɔː][드로우]
v. 그리다, 당기다

260
dream
[driːm][드림ː]
n. 꿈, v. 꿈을 꾸다

261 **drink**
[drɪŋk][드링크]
n. 마실 것, v. 마시다

262 **drive**
[draɪv][드라이브]
v. 운전하다, 태워다 주다

263 **drop**
[drɑːp][드랍ː]
v. 떨어지다, 떨어뜨리다

264 **dry**
[draɪ][드라이]
adj. 마른,
v. 마르다, 말리다

265 **duck**
[dʌk][덕]
n. 오리

266 **during**
[ˈdʊrɪŋ][듀링]
prep. ~동안, ~중에

267 **ear**
[ɪr][이어]
n. 귀

268 **early**
[ˈɜːrli][얼ː리]
adj. 이른, adv. 일찍

269 **earth**
[ɜːrθ][얼ː쓰]
n. 지구, 땅

270 **east**
[iːst][이ː스트]
n. 동쪽

271	**easy** ['iːzi][이:지]	adj. 쉬운
272	**eat** [iːt][잍:]	v. 먹다
273	**egg** [eg][에그]	n. 달걀
274	**elementary** [ˌelɪˈmentri][엘리멘터리]	adj. 초보의, 초급의
275	**elephant** ['elɪfənt][엘리펀트]	n. 코끼리
276	**end** [end][엔드]	n. 끝, v. 끝나다, 끝내다
277	**engine** ['endʒɪn][엔쥔]	n. 엔진
278	**engineer** [ˌendʒɪˈnɪr][엔지니어]	n. 기술자
279	**enjoy** [ɪnˈdʒɔɪ][인죠이]	v. 즐기다
280	**enough** [ɪˈnʌf][이너프]	adj. 충분한

281	**enter** [ˈentə(r)][엔터]	v. 들어가다
282	**eraser** [ɪˈreɪsər][이레이저]	n. 지우개
283	**error** [ˈerə(r)][에러]	n. 실수, 오류
284	**evening** [ˈiːvnɪŋ][이:브닝]	n. 저녁
285	**every** [ˈevri][에브리]	adj. 모든
286	**exam** [ɪgˈzæm][이그잼]	n. 시험
287	**example** [ɪgˈzæmpl][이그잼플]	n. 예
288	**exercise** [ˈeksərsaɪz][엑서사이즈]	n. 운동, 연습
289	**exit** [ˈegzɪt][엑짓]	n. 출구
290	**eye** [aɪ][아이]	n. 눈

291 **face**
[feɪs][페이스]

n. 얼굴

292 **fact**
[fækt][팩트]

n. 사실

293 **factory**
[ˈfæktəri][팩토리]

n. 공장

294 **fail**
[feɪl][페일]

v. 실패하다

295 **fall**
[fɔːl][폴ː]

v. 넘어지다, n. 가을

296 **family**
[ˈfæməli][패밀리]

n. 가족

297 **famous**
[ˈfeɪməs][페이머스]

adj. 유명한

298 **fan**
[fæn][팬]

n. 팬, 선풍기

299 **fantastic**
[fænˈtæstɪk][팬태스틱]

adj. 환상적인

300 **far**
[fɑː(r)][파ː]

adj. 먼

301 **farm**
[fɑːrm][팜ː]

n. 농장

302 **fast**
[fæst][패스트]

adj. 빠른, adv. 빨리

303 **fat**
[fæt][팻]

adj. 뚱뚱한, n. 지방

304 **father**
[ˈfɑːðə(r)][파ː더]

n. 아버지

305 **favorite / favourite**
[ˈfeɪvərɪt][페이버릿]

adj. 좋아하는

306 **feel**
[fiːl][필ː]

v. 느끼다, n. 느낌

307 **fever**
[ˈfiːvə(r)][피ː버]

n. 열

308 **field**
[fiːld][필ː드]

n. 들판

309 **fight**
[faɪt][파잇트]

v. 싸우다, n. 싸움

310 **file**
[faɪl][파일]

n. 파일

311
fill
[fɪl][필]
v. 채우다

312
find
[faɪnd][파인드]
v. 발견하다

313
fine
[faɪn][파인]
adj. 좋은, 건강한

314
finger
[ˈfɪŋɡə(r)][핑거]
n. 손가락

315
finish
[ˈfɪnɪʃ][피니쉬]
v. 끝내다, 끝나다

316
fire
[ˈfaɪə(r)][파이어]
n. 불

317
fish
[fɪʃ][피쉬]
n. 물고기

318
fix
[fɪks][픽스]
v. 고정하다

319
flag
[flæɡ][플래그]
n. 깃발

320
floor
[flɔː(r)][플로:어]
n. 바닥

321 **flower**
['flaʊə(r)][플라워]

n. 꽃

322 **fly**
[flaɪ][플라이]

v. 날다, 날리다

323 **focus**
['foʊkəs][포커스]

v. 집중하다, n. 초점

324 **fog**
[fɔːg][포ː그]

n. 안개

325 **food**
[fuːd][푸ː드]

n. 식품, 음식

326 **fool**
[fuːl][풀ː]

n. 바보, 광대

327 **foot**
[fʊt][풋]

n. 발

328 **football**
['fʊtbɔːl][풋볼ː]

n. 축구

329 **for**
[fɔː(r)][포ː]

prep. ~을 위한

330 **forest**
['fɔːrɪst][포ː리스트]

n. 숲

331	**forever** [fərˈevə(r)][포에버]	adv. 영원히
332	**forget** [fərˈget][폴겟]	v. 잊어버리다
333	**form** [fɔːrm][폼ː]	n. 형태
334	**fox** [fɑːks][팍ː스]	n. 여우
335	**free** [friː][프리ː]	adj. 자유로운
336	**fresh** [freʃ][프레쉬]	adj. 신선한
337	**friend** [frend][프렌드]	n. 친구
338	**frog** [frɔːg][프록ː]	n. 개구리
339	**from** [frɑːm][프람ː]	prep. ~부터
340	**front** [frʌnt][프런트]	n. 앞면, 앞쪽

341 **fruit** n. 과일
[fru:t][프루:트]

342 **fry** v. 굽다, 튀기다
[fraɪ][프라이]

343 **full** adj. 가득한
[fʊl][풀]

344 **fun** n. 재미, adj. 재미있는
[fʌn][펀]

345 **future** n. 미래
[ˈfju:tʃə(r)][퓨:쳐]

346 **garden** n. 정원
[ˈgɑ:rdn][가:든]

347 **gate** n. 문
[geɪt][게이트]

348 **gentleman** n. 신사
[ˈdʒentlmən][젠틀먼]

349 **gesture** n. 몸짓
[ˈdʒestʃə(r)][제스처]

350 **get** v. 받다, 얻다
[get][겟]

351
ghost
[goʊst][고스트]
n. 유령

352
giant
[ˈdʒaɪənt][자이언트]
n. 거인, adj. 거대한

353
gift
[gɪft][기프트]
n. 선물

354
giraffe
[dʒəˈræf][지래프]
n. 기린

355
girl
[gɜːrl][걸ː]
n. 소녀

356
give
[gɪv][기브]
v. 주다

357
glad
[glæd][글래드]
adj. 기쁜

358
glass
[glæs][글래스]
n. 유리

359
glove
[glʌv][글러브]
n. 장갑

360
glue
[gluː][글루ː]
n. 접착제

361
go
[goʊ][고우]

v. 가다

362
goal
[goʊl][고울]

n. 골문, 골, 목표

363
god
[gɑːd][갓ː]

n. 신

364
gold
[goʊld][골드]

n. 금, adj. 금빛의

365
good
[gʊd][굿]

adj. 좋은, n. 선

366
goodbye
[ˌgʊdˈbaɪ][굿바이]

안녕(헤어질 때 인사)

367
grandfather
[ˈgrænfɑːðə(r)][그랜파ː더]

n. 할아버지

368
grape
[greɪp][그레이프]

n. 포도

369
grass
[græs][그래스]

n. 풀

370
great
[greɪt][그레이트]

adj. 큰, 위대한

371	**green** [griːn][그린ː]	n., adj. 초록색(의)
372	**grey / gray** [greɪ][그레이]	n., adj. 회색(의)
373	**ground** [graʊnd][그라운드]	n. 땅, 토지, pl. 운동장
374	**group** [gruːp][그룹ː]	n. 무리, 그룹
375	**grow** [groʊ][그로우]	v. 커지다, 자라다
376	**guess** [ges][게스]	v. 생각하다
377	**guide** [gaɪd][가이드]	n. 안내, v. 안내하다
378	**guy** [gaɪ][가이]	n. 남자
379	**habit** [ˈhæbɪt][해빗]	n. 습관, 버릇
380	**hair** [her][헤어]	n. 머리카락

381 **hand**
[hænd][핸드]

n. 손

382 **handsome**
[ˈhænsəm][핸섬]

adj. 잘생긴

383 **hang**
[hæŋ][행]

v. 매달다, 걸다

384 **happy**
[ˈhæpi][해피]

adj. 행복한

385 **hard**
[hɑːrd][하ː드]

adj. 단단한, 어려운

386 **hat**
[hæt][햇]

n. 모자

387 **hate**
[heɪt][헤이트]

v. 싫어하다

388 **have**
[hæv][해브]

v. 가지다

389 **he**
[hiː][히ː]

pron. 그

390 **head**
[hed][헤드]

n. 머리

391 **headache**
['hedeɪk][헤데이크]
n. 두통

392 **heart**
[hɑːrt][할:트]
n. 심장, 가슴, 마음

393 **heat**
[hiːt][힛:]
n. 열

394 **heaven**
['hevn][헤븐]
n. 천국

395 **heavy**
['hevi][헤비]
adj. 무거운

396 **helicopter**
['helɪkɑːptə(r)][헬리캅:터]
n. 헬리콥터

397 **hello / hey / hi**
[həˈloʊ/heɪ/haɪ]
[헬로/헤이/하이]
안녕(만나서 하는 인사)

398 **help**
[help][헬프]
v. 도와주다, n. 도움

399 **here**
[hɪr][히어]
adv. 여기에

400 **hero**
['hiːroʊ][히:로우]
n. 영웅

401 **high**
[haɪ][하이]
adj. 높은

402 **hill**
[hɪl][힐]
n. 언덕

403 **history**
[ˈhɪstəri][히스토리]
n. 역사

404 **hit**
[hɪt][힛]
v. 치다, n. 치기, 타격

405 **hobby**
[ˈhɑːbi][하ː비]
n. 취미

406 **hold**
[hoʊld][호울드]
v. 쥐다, 잡다

407 **holiday**
[ˈhɑːlədeɪ][할ː러데이]
n. 휴일, 휴가

408 **home**
[hoʊm][호움]
n. 집

409 **homework**
[ˈhoʊmwɜːrk][호움월ː크]
n. 숙제

410 **honest**
[ˈɑːnɪst][아ː니스트]
adj. 정직한

411	**honey** ['hʌni][허니]	n. 꿀
412	**hope** [hoʊp][호프]	v. 바라다, 희망하다
413	**horse** [hɔːrs][홀:스]	n. 말
414	**hospital** ['hɑːspɪtl][하:스피틀]	n. 병원
415	**hot** [hɑːt][핫:]	adj. 뜨거운, 매운
416	**hour** ['aʊə(r)][아우어]	n. 시간
417	**house** [haʊs][하우스]	n. 집
418	**how** [haʊ][하우]	adv. 어떻게
419	**however** [haʊˈevə(r)][하우에버]	conj. 그러나
420	**human** ['hjuːmən][휴:먼]	n. 인간

421
**humor /
humour**
[ˈhjuːmə(r)][휴ː머]

n. 유머

422
hundred
[ˈhʌndrəd][헌드레드]

n. 100

423
hungry
[ˈhʌŋgri][헝그리]

adj. 배고픈

424
hunt
[hʌnt][헌트]

v. 사냥하다

425
hurry
[ˈhɜːri][허ː뤼]

v. 서두르다

426
husband
[ˈhʌzbənd][허즈번드]

n. 남편

427
I
[aɪ][아이]

pron. 나는, 내가

428
ice
[aɪs][아이스]

n. 얼음

429
idea
[aɪˈdiːə][아이디ː어]

n. 생각

430
if
[ɪf][이프]

conj. (만약) ~면

431
important
[ɪmˈpɔːrtnt][임폴ː턴트]

adj. 중요한

432
in
[ɪn][인]

prep. ~에, adv. 안에

433
inside
[ˌɪnˈsaɪd][인싸이드]

prep. ~의 안에

434
into
[ˈɪntuː][인투ː]

prep. ~안으로

435
introduce
[ˌɪntrəˈdjuːs][인트로듀ː스]

v. 소개하다

436
invite
[ɪnˈvaɪt][인바이트]

v. 초대하다

437
it
[ɪt][잇]

pron. 그것

438
jeans
[dʒiːnz][진ː즈]

n. 청바지

439
job
[dʒɑːb][좝ː]

n. 직업

440
join
[dʒɔɪn][조인]

v. 연결하다, 가입하다

441	**joy** [dʒɔɪ][조이]	n. 기쁨
442	**just** [dʒʌst][저스트]	adv. 딱, adj. 공정한
443	**keep** [ki:p][킵:]	v. 유지하다
444	**key** [ki:][키:]	n. 열쇠
445	**kick** [kɪk][킥]	v. 차다, n. 발길질
446	**kid** [kɪd][키드]	n. 아이
447	**kill** [kɪl][킬]	v. 죽이다
448	**kind** [kaɪnd][카인드]	adj. 친절한
449	**king** [kɪŋ][킹]	n. 왕
450	**kitchen** [ˈkɪtʃɪn][키췬]	n. 부엌

451 **knife**
[naɪf][나이프]

n. 칼

452 **know**
[noʊ][노우]

v. 알다

453 **lady**
['leɪdi][레이디]

n. 숙녀

454 **lake**
[leɪk][레이크]

n. 호수

455 **land**
[lænd][랜드]

n. 땅

456 **large**
[lɑːrdʒ][라:쥐]

adj. 큰

457 **last**
[læst][래스트]

adj. 마지막의, v. 지속하다

458 **late**
[leɪt][레이트]

adj. 늦은

459 **lazy**
['leɪzi][레이지]

adj. 게으른

460 **leaf**
[liːf][리:프]

n. 나뭇잎

461 learn
[lɜ:rn][런:]
v. 배우다

462 left
[left][레프트]
n., adj. 왼쪽(의)

463 leg
[leg][렉]
n. 다리

464 lesson
[ˈlesn][레슨]
n. 수업

465 letter
[ˈletə(r)][레터]
n. 편지

466 library
[ˈlaɪbrəri][라이브러리]
n. 도서관

467 lie
[laɪ][라이]
v. 눕다, 거짓말하다,
n. 거짓말

468 light
[laɪt][라이트]
n. 빛, adj. 가벼운

469 like
[laɪk][라이크]
v. 좋아하다,
prep. ~와 비슷한

470 line
[laɪn][라인]
n. 선, 줄

471
lion
['laɪən][라이언]
n. 사자

472
lip
[lɪp][립]
n. 입술

473
listen
['lɪsn][리슨]
v. 듣다

474
little
['lɪtl][리틀]
adj. 작은

475
live
[lɪv/laɪv][리브/라이브]
v. 살다, adj. 살아있는

476
livingroom
['lɪvɪŋ ˌrʊm][리빙룸]
n. 거실

477
long
[lɔːŋ][롱:]
adj. 긴

478
look
[lʊk][룩]
v. 보다

479
love
[lʌv][러브]
n. 사랑, v. 사랑하다

480
low
[loʊ][로우]
adj. 낮은

481 **luck**
[lʌk][럭]

n. 운

482 **lunch**
[lʌntʃ][런취]

n. 점심식사

483 **mad**
[mæd][매드]

adj. 정신 이상인

484 **mail**
[meɪl][메일]

n. 우편(물)

485 **make**
[meɪk][메이크]

v. 만들다

486 **man**
[mæn][맨]

n. 사람, 남자

487 **many**
['meni][메니]

adj. 많은

488 **map**
[mæp][맵]

n. 지도

489 **marry**
['mæri][매리]

v. 결혼하다

490 **math**
[mæθ][매쓰]

n. 수학

491
may
[meɪ][메이]
v. ~일지도 모른다,
n. (May)5월

492
meat
[miːt][밋ː]
n. 고기

493
meet
[miːt][밋ː]
v. 만나다

494
memory
['meməri][메모리]
n. 기억

495
middle
['mɪdl][미들]
n., adj. 가운데(의)

496
might
[maɪt][마이트]
n. 힘, v. (may의 과거)

497
milk
[mɪlk][밀크]
n. 우유

498
mind
[maɪnd][마인드]
n. 마음

499
mirror
['mɪrə(r)][미러]
n. 거울

500
miss
[mɪs][미스]
v. 그리워하다, 놓치다,
n. ~양

501	**money** [ˈmʌni][머니]	n. 돈
502	**monkey** [ˈmʌŋki][멍키]	n. 원숭이
503	**month** [mʌnθ][먼쓰]	n. 달, 월
504	**moon** [muːn][문ː]	n. 달
505	**morning** [ˈmɔːrnɪŋ][모ː닝]	n. 아침
506	**mother** [ˈmʌðə(r)][머더]	n. 어머니
507	**mountain** [ˈmaʊntn][마운틴]	n. 산
508	**mouse** [maʊs][마우스]	n. 쥐, 마우스
509	**mouth** [maʊθ][마우쓰]	n. 입
510	**move** [muːv][무ː브]	v. 움직이다

511 **movie**
['muːvi][무ː비]

n. 영화

512 **much**
[mʌtʃ][머취]

adj. 많은, adv. 많이

513 **museum**
[mjuˈziːəm][뮤지ː엄]

n. 박물관

514 **music**
['mjuːzɪk][뮤ː직]

n. 음악

515 **must**
[mʌst][머스트]

v. ~해야 한다

516 **name**
[neɪm][네임]

n. 이름

517 **nation**
['neɪʃn][네이션]

n. 국가, 국민

518 **nature**
['neɪtʃə(r)][네이처]

n. 자연

519 **near**
[nɪr][니어]

adj. 가까운

520 **neck**
[nek][넥]

n. 목

521
need
[niːd][니:드]
v. 필요하다, n. 필요

522
never
[ˈnevə(r)][네버]
adv. 결코 ~않다

523
new
[nuː][뉴:]
adj. 새로운

524
newspaper
[ˈnuːzpeɪpə(r)][뉴:스페이퍼]
n. 신문

525
next
[nekst][넥스트]
adj. 다음의

526
nice
[naɪs][나이스]
adj. 멋진

527
night
[naɪt][나이트]
n. 밤

528
no / nope / nay
[noʊ/noʊp/neɪ]
[노/노프/네이]
아니요

529
noon
[nuːn][눈:]
n. 정오

530
north
[nɔːrθ][놀:쓰]
n. 북쪽

531
nose
[noʊz][노우즈]

n. 코

532
not
[nɑːt][낫ː]

adv. ~아니다

533
note
[noʊt][노트]

n. 메모, 쪽지

534
nothing
[ˈnʌθɪŋ][낫띵]

pron. 아무것도 아닌 것

535
now
[naʊ][나우]

adv. 지금

536
number
[ˈnʌmbə(r)][넘버]

n. 숫자

537
nurse
[nɜːrs][널ː스]

n. 간호사

538
ocean
[ˈoʊʃn][오션]

n. 대양

539
of
[ʌv][오브]

prep. ~의

540
off
[ɔːf][오ː프]

adv. (어떤 곳에서 멀리로)

541	**office** [ˈɔːfɪs][오:피스]	n. 사무실
542	**often** [ˈɔːfn][오:픈]	adv. 자주
543	**oil** [ɔɪl][오일]	n. 기름, 석유
544	**old** [oʊld][올드]	adj. 나이든
545	**on** [ɔːn][온:]	prep. ~위에
546	**one** [wʌn][원]	n., adj. 하나(의)
547	**only** [ˈoʊnli][온리]	adj. 유일한
548	**open** [ˈoʊpən][오픈]	adj. 열린, v. 열다
549	**or** [ɔː(r)][오:얼]	conj. 또는, 혹은
550	**out** [aʊt][아웃]	adv., prep. 밖으로

551
over
[ˈoʊvə(r)][오버]

prep. ~위에

552
paint
[peɪnt][페인트]

n. 페인트,
v. 페인트를 칠하다

553
palace
[ˈpælɪs][팰리스]

n. 궁전

554
pants
[pænts][팬츠]

n. 바지

555
paper
[ˈpeɪpə(r)][페이퍼]

n. 종이

556
parent
[ˈperənt][페어런트]

n. 부모

557
park
[pɑːrk][파:크]

n. 공원

558
part
[pɑːrt][파:트]

n. 일부, 부분

559
pass
[pæs][패스]

v. 통과하다, 합격하다

560
pay
[peɪ][페이]

v. 지불하다

561 **peace**
[piːs][피:스]
n. 평화

562 **pear**
[peə(r)][페어]
n. 배

563 **pencil**
[ˈpensl][펜슬]
n. 연필

564 **people**
[ˈpiːpl][피:플]
n. 사람

565 **pick**
[pɪk][픽]
v. 고르다

566 **picnic**
[ˈpɪknɪk][피크닉]
n. 소풍

567 **picture**
[ˈpɪktʃə(r)][픽쳐]
n. 그림, 사진

568 **pig**
[pɪg][픽]
n. 돼지

569 **pink**
[pɪŋk][핑크]
n., adj. 분홍색(의)

570 **place**
[pleɪs][플레이스]
n. 장소

571 **plan**
[plæn][플랜]

n. 계획

572 **play**
[pleɪ][플레이]

v. 놀다, 하다, n. 놀이

573 **please**
[pliːz][플리:즈]

제발, v. 기쁘게 하다

574 **P. M. / p.m.**
[ˌpiː ˈem][피:엠]

오후

575 **pocket**
[ˈpɑːkɪt][파:킷]

n. 주머니

576 **point**
[pɔɪnt][포인트]

n. 의견, 요점, 점

577 **police**
[pəˈliːs][폴리:스]

n. 경찰

578 **poor**
[pʊr][푸어]

adj. 가난한

579 **potato**
[pəˈteɪtoʊ][포테이토]

n. 감자

580 **powder**
[ˈpaʊdə(r)][파우더]

n. 가루

581 **present**
['preznt/prɪ'zent]
[프레전트/프리젠트]

adj. 현재의, 출석한,
n. 선물, v. 선물하다

582 **pretty**
['prɪti][프리티]

adj. 예쁜

583 **prince**
[prɪns][프린스]

n. 왕자

584 **print**
[prɪnt][프린트]

v. 인쇄하다

585 **prize**
[praɪz][프라이즈]

n. 상

586 **problem**
['prɑ:bləm][프라:블럼]

n. 문제

587 **puppy**
['pʌpi][퍼피]

n. 강아지

588 **push**
[pʊʃ][푸쉬]

v. 밀다

589 **put**
[pʊt][풋]

v. 놓다

590 **puzzle**
['pʌzl][퍼즐]

n. 퍼즐,
v. 어리둥절하게 하다

591

queen
[kwiːn][퀸ː]

n. 여왕

592

question
['kwestʃən][퀘스쳔]

n. 질문

593

quick
[kwɪk][퀵]

adj. 빠른

594

quiet
['kwaɪət][콰이어트]

adj. 조용한

595

rabbit
['ræbɪt][래빗]

n. 토끼

596

race
[reɪs][레이스]

n. 경주

597

rain
[reɪn][레인]

n. 비

598

rainbow
['reɪnboʊ][레인보우]

n. 무지개

599

read
[riːd][뤼ː드]

v. 읽다

600

ready
['redi][뤠디]

adj. 준비된

601	**red** [red][레드]	n. adj. 빨간색(의)
602	**remember** [rɪˈmembə(r)][리멤버]	v. 기억하다
603	**restaurant** [ˈrestərɑːnt][레스토란:트]	n. 레스토랑, 식당
604	**restroom** [ˈrestrʊm][레스트룸]	n. 화장실
605	**return** [rɪˈtɜːrn][리턴]	v. 돌아오다, 반납하다
606	**rich** [rɪtʃ][리치]	adj. 부유한
607	**right** [raɪt][롸잇트]	adj. 옳은, 오른쪽의
608	**ring** [rɪŋ][링]	n. 반지
609	**river** [ˈrɪvə(r)][뤼버]	n. 강
610	**road** [roʊd][로드]	n. 길

611

rock
[rɑːk][롹ː]

n. 바위

612

roof
[ruːf][루ː프]

n. 지붕

613

room
[rʊm][룸ː]

n. 방

614

run
[rʌn][런]

v. 달리다

615

sad
[sæd][쌔드]

adj. 슬픈

616

safe
[seɪf][쎄이프]

adj. 안전한

617

sale
[seɪl][쎄일]

n. 판매

618

salt
[sɔːlt][쏠ː트]

n. 소금

619

same
[seɪm][쎄임]

adj. 같은

620

sand
[sænd][쌘드]

n. 모래

621
save
[seɪv][쎄이브]

v. 구하다, 절약하다

622
say
[seɪ][쎄이]

v. 말하다

623
school
[skuːl][스쿨:]

n. 학교

624
science
['saɪəns][싸이언스]

n. 과학

625
scissors
['sɪzərz][씨저스]

n. 가위

626
score
[skɔː(r)][스코:어]

n. 점수, 악보

627
sea
[siː][씨:]

n. 바다

628
season
['siːzn][씨:즌]

n. 계절

629
see
[siː][씨:]

v. 보다

630
sell
[sel][쎌]

v. 팔다

631
send
[send][쎈드]

v. 보내다

632
she
[ʃiː][쉬:]

pron. 그녀

633
ship
[ʃip][쉽]

n. 배

634
shock
[ʃɑːk][샤:크]

n. 충격, v. 충격을 주다

635
shoe
[ʃuː][슈:]

n. 신발

636
shop
[ʃɑːp][샵:]

n. 가게

637
short
[ʃɔːrt][숄:트]

adj. 짧은

638
should
[ʃʊd][슈드]

v. ~해야 한다

639
show
[ʃoʊ][쇼우]

v. 보여주다, n. 쇼

640
shy
[ʃaɪ][샤이]

adj. 수줍어하는

641	**sick** [sɪk][씩]	adj. 아픈
642	**side** [saɪd][싸이드]	n. 옆
643	**sing** [sɪŋ][씽]	v. 노래하다
644	**sister** [ˈsɪstə(r)][씨스터]	n. 여자 형제
645	**sit** [sɪt][씻]	v. 앉다
646	**size** [saɪz][싸이즈]	n. 크기
647	**skin** [skɪn][스킨]	n. 피부
648	**skirt** [skɜːrt][스커:트]	n. 치마
649	**sky** [skaɪ][스카이]	n. 하늘
650	**sleep** [sliːp][슬립:]	v. 자다

651
slow
[sloʊ][슬로우]

adj. 느린

652
small
[smɔːl][스몰ː]

adj. 작은

653
smart
[smɑːrt][스마ː트]

adj. 영리한

654
smell
[smel][스멜]

n. 냄새, v. 냄새 맡다

655
smile
[smaɪl][스마일]

n. 미소, v. 미소 짓다

656
snow
[snoʊ][스노우]

n. 눈

657
so
[soʊ][쏘]

conj. 그래서, adv. 너무

658
soccer
['sɑːkər][싸ː커]

n. 축구

659
sock
[sɑːk][싹ː]

n. 양말

660
soft
[sɔːft][쏘ː프트]

adj. 부드러운

661 some
[sʌm][썸]
adj. 몇몇의

662 son
[sʌn][썬]
n. 아들

663 song
[sɔːŋ][쏭:]
n. 노래

664 sorry
[ˈsɔːri][쏘:리]
adj. 미안한, 애석한

665 sound
[saʊnd][싸운드]
n. 소리, adj. 건전한

666 sour
[ˈsaʊə(r)][싸우어]
adj. 신

667 south
[saʊθ][싸우쓰]
n. 남쪽

668 space
[speɪs][스페이스]
n. 우주, 공간

669 speak
[spiːk][스피:크]
v. 말하다

670 speed
[spiːd][스피:드]
n. 속도, 속력

671 spoon
[spuːn][스푼ː]
n. 숟가락

672 stand
[stænd][스탠드]
v. 서다, 참다, 견디다

673 start
[stɑːrt][스타ː트]
v. 시작하다, n. 시작

674 stay
[steɪ][스테이]
v. 머무르다, n. 머무름

675 stone
[stoʊn][스톤]
n. 돌

676 stop
[stɑːp][스탑ː]
v. 멈추다, n. (버스) 정류장

677 store
[stɔː(r)][스토ː어]
n. 가게

678 story
['stɔːri][스토ː리]
n. 이야기

679 strawberry
['strɔːberi][스트로ː베리]
n. 딸기

680 street
[striːt][스트릿ː]
n. 거리

681 stress
[stres][스트레스]
n. 스트레스, 강세

682 strong
[strɔːŋ][스트롱:]
adj. 강한

683 student
[ˈstuːdnt][스튜:던트]
n. 학생

684 study
[ˈstʌdi][스터디]
v. 공부하다

685 subway
[ˈsʌbweɪ][써브웨이]
n. 지하철

686 sugar
[ˈʃʊɡə(r)][슈거]
n. 설탕

687 sun
[sʌn][썬]
n. 태양

688 supper
[ˈsʌpə(r)][써퍼]
n. 저녁식사

689 swim
[swɪm][스윔]
v. 수영하다

690 table
[ˈteɪbl][테이블]
n. 탁자

691
tail
[teɪl][테일]

n. 꼬리

692
take
[teɪk][테이크]

v. 가지고 가다, 잡다

693
talk
[tɔːk][토:크]

v. 이야기하다

694
tall
[tɔːl][톨:]

adj. 큰

695
tape
[teɪp][테이프]

n. 테이프

696
taste
[teɪst][테이스트]

n. 맛

697
teach
[tiːtʃ][티:취]

v. 가르치다

698
teen
[tiːn][틴:]

n. 10대

699
telephone
['telɪfoʊn][텔리폰]

n. 전화

700
tell
[tel][텔]

v. 말하다

701	**test** [test][테스트]	v. 시험하다, n. 시험
702	**textbook** [ˈtekstbʊk][텍스트북]	n. 교과서
703	**than** [ðæn][댄]	prep. ~보다
704	**thank** [θæŋk][땡크]	v. 고마워하다
705	**that** [ðæt][댓]	pron. 저것, adj. 저
706	**the** [ðə][더]	art. (정관사) 그
707	**there** [ðer][데얼]	adv. 거기에
708	**they** [ðeɪ][데이]	pron. 그들, 그것들
709	**thing** [θɪŋ][띵]	n. 것
710	**think** [θɪŋk][띵크]	v. 생각하다

711	**thirst** [θɜːrst][떨ː스트]	n. 목마름
712	**this** [ðɪs][디스]	n. 이것, adj. 이
713	**tiger** [ˈtaɪɡə(r)][타이거]	n. 호랑이
714	**time** [taɪm][타임]	n. 시간
715	**to** [tuː][투ː]	prep. ~로
716	**today** [təˈdeɪ][투데이]	n. 오늘
717	**together** [təˈɡeðə(r)][투게더]	adv. 함께
718	**tomorrow** [təˈmɑːroʊ][투마ː로우]	n. 내일
719	**tonight** [təˈnaɪt][투나잇]	n. 오늘밤
720	**too** [tuː][투ː]	adv. 너무

721	**tooth** [tuːθ][투ː쓰]	n. 이빨
722	**top** [tɑːp][탑ː]	n. 정상, 꼭대기
723	**touch** [tʌtʃ][터치]	v. 만지다
724	**tour** [tʊr][투어]	n. 여행, 관광
725	**tower** [ˈtaʊə(r)][타워]	n. 탑
726	**town** [taʊn][타운]	n. 도시, 시내
727	**toy** [tɔɪ][토이]	n. 장난감
728	**train** [treɪn][트레인]	n. 기차
729	**travel** [ˈtrævl][트래블]	v. 여행하다, n. 여행
730	**tree** [triː][트리ː]	n. 나무

731 **triangle**
['traɪæŋgl][트라이앵글]
n. 삼각형

732 **trip**
[trɪp][트립]
n. (짧은) 여행

733 **true**
[truː][트루:]
adj. 사실인

734 **try**
[traɪ][트라이]
v. 노력하다, (한번) 해보다

735 **turn**
[tɜːrn][턴:]
v. 돌다, n. 차례, 순번

736 **twice**
[twaɪs][트와이스]
n. 두 번

737 **type**
[taɪp][타입]
n. 형, 유형

738 **ugly**
['ʌgli][어글리]
adj. 못생긴

739 **umbrella**
[ʌmˈbrelə][엄브렐러]
n. 우산

740 **uncle**
['ʌŋkl][엉클]
n. 삼촌, 숙부

741
under
[ˈʌndə(r)][언더]

adv., prep. (~)아래에

742
understand
[ˌʌndərˈstænd][언더스탠드]

v. 이해하다

743
up
[ʌp][업]

adv., prep. 위로, 위에

744
use
[juːz/juːs][유즈/유ː스]

v. 사용하다, n. 사용, 이용

745
vegetable
[ˈvedʒtəbl][베저터블]

n. 채소, 야채

746
very
[ˈveri][베리]

adv. 매우, adj. 바로 그

747
visit
[ˈvɪzɪt][비지트]

v. 방문하다

748
voice
[vɔɪs][보이스]

n. 목소리

749
wait
[weɪt][웨이트]

v. 기다리다

750
wake
[weɪk][웨이크]

v. 깨어나다

751 walk
[wɔːk][워:크]
v. 걷다

752 wall
[wɔːl][월:]
n. 벽

753 want
[wɔːnt][원:트]
v. 원하다

754 war
[wɔː(r)][워:]
n. 전쟁

755 warm
[wɔːrm][윔:]
adj. 따뜻한

756 wash
[wɔːʃ][워:시]
v. 씻다

757 watch
[wɔːtʃ][워:치]
v. 지켜보다, n. 시계

758 water
['wɔːtə(r)][워:터]
n. 물

759 watermelon
['wɔːtərmeləm][워:터멜론]
n. 수박

760 way
[weɪ][웨이]
n. 길

761

we
[wi:][위:]

pron. 우리

762

wear
[wer][웨어]

v. 입다

763

weather
['weðə(r)][웨더]

n. 날씨

764

wedding
['wedɪŋ][웨딩]

n. 결혼식

765

week
[wi:k][위:크]

n. 주

766

weekend
['wi:kend][위:켄드]

n. 주말

767

weight
[weɪt][웨이트]

n. 무게

768

welcome
['welkəm][웰컴]

v. 환영하다, n. 환영

769

well
[wel][웰]

음, n. 우물

770

west
[west][웨스트]

n. 서쪽

771
wet
[wet][웻]
adj. 젖은

772
what
[wɑ:t][왓:]
pron. 무엇

773
when
[wen][웬]
adv. 언제

774
where
[wer][웨어]
adv. 어디서

775
white
[waɪt][와이트]
n. adj. 흰색(의)

776
who
[hu:][후:]
pron. 누구

777
why
[waɪ][와이]
adv. 왜

778
wife
[waɪf][와이프]
n. 아내

779
will
[wɪl][윌]
v. ~할 것이다, n. 의지

780
win
[wɪn][윈]
v. 이기다

781	**wind** [wɪnd][윈드]	n. 바람
782	**window** [ˈwɪndoʊ][윈도우]	n. 창문
783	**wish** [wɪʃ][위시]	v. 바라다
784	**with** [wɪð][위드]	prep. ~와 함께
785	**woman** [ˈwʊmən][워먼]	n. 여자
786	**wood** [wʊd][우드]	n. 나무, 숲
787	**word** [wɜːrd][워:드]	n. 말, 단어, 낱말
788	**work** [wɜːrk][월:크]	v. 일하다, n. 일
789	**world** [wɜːrld][월:드]	n. 세계
790	**worry** [ˈwɜːri][워:리]	v. 걱정하다, n. 걱정

791 write
[raɪt][라이트]
v. 쓰다

792 wrong
[rɔːŋ][렁:]
adj. 틀린, 잘못된

793 year
[jɪr][이어]
n. 해, 1년

794 yellow
[ˈjeloʊ][옐로우]
n., adj. 노란색(의)

795 yes / yeah / yep
[jes/jeə/jep][예스/예/옙]
네

796 yesterday
[ˈjestərdeɪ][예스터데이]
n. 어제

797 you
[juː][유:]
pron. 너, 당신, 너희들

798 young
[jʌŋ][영]
adj. 젊은

799 zebra
[ˈziːbrə][지:브러]
n. 얼룩말

800 zoo
[zuː][주:]
n. 동물원

MEMO

MEMO

MEMO